UNIVERSITÉ DE PARIS. — FACULTÉ DE DROIT

DES RÉSISTANCES

QUI SE SONT PRODUITES DEPUIS LA MORT DE FRANÇOIS Ier (1547)

AU MODE DE NOMINATION DES ÉVÊQUES

ÉTABLI PAR LE CONCORDAT DE 1516

THÈSE POUR LE DOCTORAT

PAR

FÉLIX DE COUSSEMAKER

PARIS

Librairie Nouvelle de Droit et de Jurisprudence

ARTHUR ROUSSEAU, ÉDITEUR

14, RUE SOUFFLOT ET RUE TOULLIER, 13

1898

THÈSE

POUR LE DOCTORAT

La Faculté n'entend donner aucune approbation ni improbation aux opinions émises dans les thèses ; ces opinions doivent être considérées comme propres à leurs auteurs.

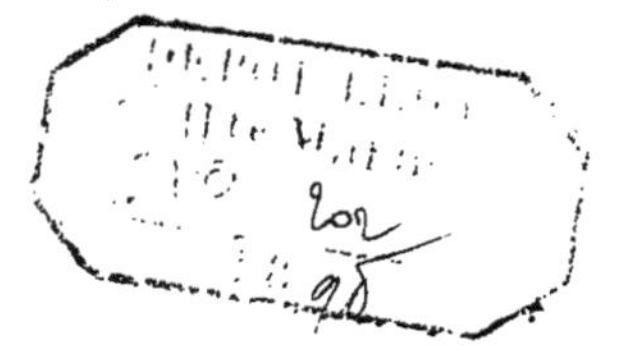

UNIVERSITÉ DE PARIS. — FACULTÉ DE DROIT

DES RÉSISTANCES

QUI SE SONT PRODUITES DEPUIS LA MORT DE FRANÇOIS Ier (1547)

AU MODE DE NOMINATION DES ÉVÊQUES

ÉTABLI PAR LE CONCORDAT DE 1516

THÈSE POUR LE DOCTORAT

L'ACTE PUBLIC SUR LES MATIÈRES CI-APRÈS

Sera soutenu le mardi 22 novembre 1898, à 2 h. 1/2

PAR

FÉLIX DE COUSSEMAKER

Président : M. ESMEIN.

Suffragants : MM. CHÉNON, *professeur*.
GARÇON, *agrégé*.

PARIS

Librairie Nouvelle de Droit et de Jurisprudence

ARTHUR ROUSSEAU, ÉDITEUR

14, RUE SOUFFLOT ET RUE TOULLIER, 13

1898

DES RÉSISTANCES

QUI SE SONT PRODUITES DEPUIS LA MORT DE FRANÇOIS Ier (1547)

AU MODE DE NOMINATION DES ÉVÊQUES

établi par le Concordat de 1516

INTRODUCTION

Peu de temps après sa victoire de Marignan, le roi de France François Ier entrait en négociations avec le Saint-Siège, voulant mettre fin aux difficultés nombreuses qui séparaient le royaume français de la cour pontificale. Le pape était alors, depuis plusieurs années déjà, un personnage illustre dans l'histoire par la protection qu'il donnait aux belles-lettres et aux arts, le célèbre Léon X de la famille florentine des Médicis.

On sait qu'en 1438 une assemblée réunie à Bourges fit promulguer une ordonnance qui, enregistrée au Parlement en 1439, devint, en matière ecclésiastique, la loi du royaume. S'inspirant des canons promulgués dans le concile de Bâle, cette ordonnance prenait surtout un caractère d'hostilité contre la papauté en rétablissant les élections canoniques, en supprimant dans presque tous les cas, les appels en cour de Rome, en abolissant enfin, les réserves, les expectatives, et les annates taxes qui étaient payées au Saint-Siège.

Ce régime établi en 1438 faisait de l'Eglise de France une Eglise en quelque sorte autonome. Il souleva à Rome de vives réclamations ; de son côté, le roi Louis XI se souciait peu de l'indépendance du clergé. Aussi dès le début de son règne, le 27 novembre 1461, le roi, par une lettre datée de Tours, adressée au pape Pie II et écrite sous l'influence de Jean Jouffroy, évêque d'Arras, révoquait la Pragmatique Sanction. Le Parlement et l'Université firent à cette abrogation l'opposition la plus vive et quelques années plus tard, après la mort du pape Pie II, le Parlement adressait encore au roi, au sujet de cette abrogation, de longues et énergiques remontrances (1). Déjà le roi semble avoir songé à obtenir, pour le pouvoir royal, la nomination à tous les bénéfices. Enfin, en 1472, il signe avec le Saint-Siège un concordat par lequel on accorde au pape, pour la collation des bénéfices, les six premiers mois de l'année, aux électeurs les six autres, mais, et c'était

(1) *Ordonnances des rois de France de la troisième race*, t. XV, p. 193 et suiv. On y trouve le texte latin de la lettre du roi au Souverain Pontife, suivi des remontrances du Parlement, qui ne comprennent pas moins de 89 articles.

là une nouveauté, un tiers des bénéfices devait être accordé à la demande du roi, du dauphin, de la reine et du Parlement. Du reste, ce concordat, ratifié par le roi le 31 octobre 1472, ne fut point exécuté, toute transaction étant impossible entre la cour de Rome et le Parlement (1).

Nous n'entrerons pas dans l'étude si compliquée des difficultés qui surgirent plus tard dans l'application de ces règles souvent violées sous les règnes de Louis XI, Charles VIII, Louis XII. Les rapports de ces rois avec les papes de l'époque, surtout inspirés par des considérations politiques, varient suivant qu'une guerre ou qu'une alliance existe entre eux.

Le trouble cependant était très considérable dans l'Eglise de France. Les brigues pour l'obtention des dignités ecclésiastiques existaient partout. L'élection, moyen de conférer la dignité au plus digne, ne servait en réalité qu'à développer la simonie et de honteux marchés. Brantôme nous indique même que ces élections n'étaient pas sans danger pour les électeurs, car, nous dit-il, « quand ils ne pouvaient accorder en leurs élections, le plus souvent ils s'entrebattaient, se gourmaient à coups de poings, s'entreblessaient, voire s'entretuaient (2) ».

François Ier comprit la nécessité de réformer ce

(1) Chassériaud, *Positions des thèses de l'école des Chartes*, 1897, p. 10.

(2) Brantôme, *Œuvres complètes*, III, p. 105 et suiv.

point en même temps que tout le parti que pouvait tirer la royauté de la disposition des bénéfices ecclésiastiques et dans l'entrevue de trois jours qu'il eut à Bologne avec Léon X en 1516, il ébaucha le concordat qui devait régir l'Eglise de France jusqu'à la fin de l'ancien régime. Signé par le chancelier Duprat, au nom du roi de France, par les cardinaux Pucci et d'Accolti, au nom du pape, le concordat fut accepté par le Sacré Collège, promulgué par une bulle du 16 août 1516 et enregistré seulement le 22 août 1518 au Parlement de Paris.

Cet acte contenait des innovations importantes qui soulevèrent alors et longtemps de vives protestations de la majorité de la nation française : d'abord le droit électoral était retiré aux électeurs naturels et les élections désormais supprimées et remplacées par la nomination royale ; le document en outre était muet sur les annates et autres taxes payées à la cour romaine qui étaient rétablies. Le roi obtenait ainsi au détriment des chapitres et des abbayes un privilège considérable lui permettant de nommer à sa guise des hommes dévoués à sa cause et de récompenser par de riches prébendes ceux qui s'étaient consacrés avec dévouement à son service.

Le concordat, pour ces raisons, éprouva des difficultés à ses débuts. Elles venaient du Parlement de Paris, de l'Université de cette ville. Le roi présida en personne le Parlement, le chancelier Duprat en fit l'ouverture et dit que le roi ordonnait l'enregistrement. Les gens d'Eglise qui étaient au Parlement prétendirent qu'on ne pouvait en ratifier les dispositions que dans une assemblée de l'Eglise Gallicane. Le président Baillet dit pour le Parlement qu'il en ferait son rapport à la cour. Cependant le roi fit expédier des lettres patentes pour l'enregistrement. Quand elles furent portées au Parlement, Lelièvre, avocat général, expliqua les inconvénients qu'il trouvait dans l'exécution de ce traité et les avantages de la Pragmatique et déclara en appeler de la révocation qui en avait été faite. Le Parlement décida que la révocation devait se faire dans une assemblée de prélats et qu'en attendant elle devait être exécutée. Le roi irrité obtint cependant l'enregistrement qui fut suivi d'une protestation du Parlement entre les mains de l'évêque de Langres en même temps que d'un appel au pape mieux informé et au futur concile. Le Parlement ajouta que dans ses jugements,il ne tiendrait compte que de la Pragmatique. L'Université de Paris imita le Parlement et interjeta de son côté un appel au futur concile œcuménique (1). Pierre de Marca nous dit aussi que de son côté le clergé qui supportait avec peine la perte de son droit d'élection s'opposa vivement à la publication du concordat et en appela au futur con-

(1) Héricourt (de), *Les lois ecclésiastiques de France*, pp. 177 et 178.

cile général, dessein approuvé par le Parlement (1).

Les difficultés ne tardèrent pas à se produire sur un autre terrain : en 1519 l'évêché d'Albi vint à vaquer. Le chapitre de cette église suivant les règles de la Pragmatique élut un successeur à l'évêque défunt, mais de son côté le roi en vertu du Concordat nomma à ce siège. Le procès entre les deux pourvus fut porté d'abord au Parlement de Toulouse et ensuite évoqué à celui de Paris qui jugea en faveur de l'élu du chapitre. Plus tard il y eut encore d'autres procès sur ce même sujet pendant la captivité du roi, et quand le roi en fut sorti, par la déclaration de 1527, il attribua au Grand Conseil, en l'enlevant au Parlement, la connaissance des procès en ces matières (2). C'est qu'en effet le Parlement de Paris ne perdait jamais de vue ce sujet en faisant des remontrances à la régente, mère du roi, sur tout ce qui pouvait concerner le gouvernement, et n'oubliait pas de lui dire qu'il serait à propos de rétablir la Pragmatique Sanction dans son antique vigueur, qu'il était du bien de l'Eglise et de l'Etat de pourvoir aux évêchés et aux abbayes par la voie des élections comme dans les siècles précédents ; que le royaume avait été flo-

(1) Marca (P. de), *De concordia sacerdotii et impertii*, p. 206 (sec. part). De Marca approuve cependant le concordat et le préfère à la Pragmatique (t. I, p. 268) ; il s'exprime ainsi « simoniaca fœditate qua Episcoporum et Abbatum electiones laborabant, per regiam nominationem expurgata. »

(2) Héricourt (de), *Les lois ecclésiastiques de France*, pp. 177 et 178.

rissant tant qu'on s'en était tenu à cette discipline et que depuis qu'on l'avait abandonnée, tous les malheurs étaient venus fondre sur la France (1).

La régente ne se raidit pas ouvertement contre ces propositions. Elle répondit qu'il fallait attendre le retour du roi et jusqu'à ce temps elle ne cessa pas d'agir toujours suivant la jurisprudence du Concordat. Le roi à son retour, nous l'avons vu plus haut, brisa les résistances du Parlement, en lui enlevant pour toujours la connaissance des causes se rapportant aux bénéfices ecclésiastiques.

Les principes méconnus par le Concordat trouvaient des défenseurs sinon dans les évêques, certains d'être comblés par le roi, du moins dans l'Université, le Clergé et le Parlement : « Fallait-il, disait-on, supprimer les élections parce qu'on les faisait mal? Il n'y avait qu'à exiger qu'on les fit bien ». C'était l'anarchie sous le pouvoir absolu. Le roi nommait aux dignités ecclésiastiques en vertu du Concordat, mais d'autre part chapitres et couvents y pourvoyaient par l'élection en vertu de la Pragmatique. Deux titulaires se trouvaient ainsi en présence, ils en référaient au Parlement du ressort qui donnait gain de cause à l'élu du corps religieux (2). Le roi, nous l'avons vu, rendit inutile

(1) Longueval (P.), *Histoire de l'église gallicane*, t. XVIII, pp. 4 et 5.

(2) Voir plus haut les difficultés soulevées en 1519 au sujet de la nomination à l'évêché d'Albi.

toute résistance en déférant au Grand Conseil tous les démêlés que provoquaient la collation des bénéfices et par là il obtint ce silence que le despotisme confond avec la paix. Le public n'entendant plus parler de ces questions épineuses y devint indifférent. Le clergé, la magistrature, plus fidèles à leurs vœux et à leurs rancunes passèrent cependant des protestations obstinées aux mélancoliques regrets. L'un devait plus tard se consoler en se tournant vers Rome, mais l'autre n'abandonna jamais ses traditions et ses souvenirs. Au XVIIIe siècle le chancelier d'Aguesseau disait encore de la Pragmatique Sanction qu'elle était « plus respectée et plus respectable en effet que le Concordat » (1).

Ce sont ces protestations, ces luttes qui s'en vont diminuant d'intensité que nous avons l'intention de relever dans cette étude en nous bornant uniquement aux vives objections que souleva le droit si considérable obtenu par le roi de France, la collation de tous les bénéfices de son royaume.

Nous y verrons les résistances très fortes au début continuer encore durant tout le cours du XVIe siècle, avec des chances de succès diverses, en ces temps troublés par les guerres de religion, puis disparaître complètement une fois que la France fut gouvernée par Henri IV, Richelieu ou Louis XVI.

(1) Perrens, *L'Eglise et l'Etat en France sous le règne d'Henri IV et la régence de Marie de Médicis*, t. I, pp. 48, 52, 53.

Nous verrons ces idées sur l'élection des dignitaires ecclésiastiques reparaître à la veille de la Révolution de 1789 et figurer, sous des formes différentes, dans un grand nombre de cahiers rédigés à cette époque, surtout dans ceux du clergé et du tiers état, dans des écrits et des pamphlets composés dans le même temps. Enfin nous verrons ce mouvement en faveur du rétablissement des élections épiscopales contribuer à la constitution civile du clergé, où l'on rencontre un corps électoral destiné à procéder à l'élection des évêques établis alors dans chaque département. Ce corps électoral est bien différent, il est vrai, de celui réclamé par les adversaires du Concordat, partisans de la Pragmatique, mais on peut y retrouver un souvenir des idées en faveur de l'élection défendue si vivement dans les siècles précédents.

Il nous reste pour terminer cette introduction à justifier brièvement le point de départ choisi pour cette étude et à en exposer sommairement les principales divisions.

Nous avons commencé cette étude à la mort de François Ier parce que c'est à peu près de cette époque que date en France la renaissance de certaines libertés politiques. Les assemblées de notables seront convoquées sous Henri II d'une façon assez régulière; à partir de 1560 nous trouverons les convocations périodiques des Etats Généraux qui jusqu'à la fin du

XVIe siècle vont jouer dans le gouvernement du royaume un rôle des plus importants et ne manqueront pas, sauf quelques rares exceptions, de protester à chacune de leurs sessions contre l'abolition de la Pragmatique et des élections. De plus, c'est également à cette époque que remonte la création des assemblées du clergé qui, réunissant à des époques déterminées les membres les plus en vue du clergé de France, ont toujours réclamé avec insistance le rétablissement du droit électoral et la suppression du Concordat. Une autre raison nous a empêché de commencer cette étude aux premières applications du Concordat, sous le règne de François Ier. Les relations de ce prince et de la cour de Rome font en effet l'objet d'un mémoire de M. L. Madelin, élève de l'Ecole Française de Rome, mémoire qui ne tardera pas à paraître, et que l'auteur a bien voulu mettre à notre disposition avec une complaisance dont nous lui sommes profondément reconnaissant.

Dans un premier chapitre nous avons l'intention de rappeler sommairement les règles qui ont régi les élections épiscopales dans l'Eglise de France avant le Concordat de 1516 et d'indiquer les dispositions qui ont, en vertu du Concordat de 1516, modifié ce régime.

Nous examinerons ensuite les protestations qui se sont produites à l'occasion du régime concordataire, protestations qui se sont élevées et dans les

Etats généraux et dans les Assemblées du clergé, parmi les écrivains de cette époque et enfin à la veille de la réunion des Etats Généraux de 1789 et sous l'Assemblée Constituante. Venant enfin aux résistances proprement dites, nous verrons leur faible importance, nous examinerons les difficultés qui se sont élevées pour les évêchés annexés par la conquête et les négociations engagées pour obtenir des chapitres de ces évêchés la renonciation à leur droit d'élection.

Nous terminerons en constatant l'insuccès de ces luttes et nous tâcherons de montrer les causes de l'échec de ces tentatives, en faveur du rétablissement de l'ancien droit électoral.

CHAPITRE PREMIER

LES NOMINATIONS ÉPISCOPALES EN FRANCE AVANT LE CONCORDAT DE 1516. — RÉFORMES APPORTÉES PAR LE CONCORDAT.

Les principes établis par le Concordat en cette matière étant absolument différents des règles antérieures, nous étudierons ces règles et leurs modifications en deux sections distinctes.

I

Au Ve siècle, lors de l'invasion des Francs en Gaule, l'évêque de chaque *Civitas* était élu par le clergé et le peuple de la cité épiscopale, dans une assemblée présidée par les évêques de la province et son élection ne devenait définitive qu'après avoir été confirmée par le métropolitain. On est loin d'être d'accord sur l'origine de cette pratique des élections épiscopales et deux systèmes ont été proposés pour résoudre cette question. Les uns, parmi lesquels Fustel de Coulanges et M. Imbart de la Tour, ont prétendu que l'élection des évêques ne remontait pas aux institutions de l'Eglise primitive, mais provenait plutôt de l'influence du régime municipal romain sur la société religieuse : « Les comices religieux, dit M. Imbart de la Tour, remplacèrent les comices politiques » (1).

Mais on peut discuter cette opinion, car si l'Eglise primitive empruntait au régime administratif romain ses circonscriptions, on ne voit pas qu'elle lui empruntait ses pratiques ; de plus, vers la fin du IVe siècle, à l'époque où les partisans du premier système placent l'origine des élections épiscopales, on voit que les institutions municipales ont perdu toute vitalité : l'élection du *defensor civitas* semble imitée plutôt de l'élection de l'évêque et rien dans le régime municipal ne nous paraît avoir pu servir de modèle à celle-ci. La seconde opinion qui considère cette élection comme provenant de la coutume des communautés chrétiennes primitives nous semble plus vraisemblable (2).

Quoi qu'il en soit, le pouvoir impérial n'entama que faiblement la liberté de l'Eglise en notre matière et n'intervint dans les élections épiscopales de l'Eglise d'Occident, qu'en cas de difficultés, soit pour

(1) Imbart de la Tour, *Les élections épiscopales dans l'Eglise de France du IXe au XIIe siècle*, p. 55.

(2) Esmein, *Cours élémentaire d'histoire du Droit français*, 3e édit., p. 150 et suiv., la note à cette page et les références indiquées à cet endroit. Voir du même auteur un article sur l'ouvrage de M. Imbart de la Tour, *Revue de l'histoire des Religions*, t. XXXI, p. 43 et suiv.

trancher directement le litige, soit pour le déférer à un synode.

L'Eglise conserva et augmenta sous les Francs les prérogatives qu'elle avait reçues des empereurs romains. Les principes antérieurs relatifs à la nomination des évêques demeurèrent en vigueur : la règle de l'élection par le clergé et le peuple de la ville épiscopale fut conservée. Mais en même temps s'établit la règle que l'élection n'était valable que si elle était approuvée par le roi. Le concile d'Orléans, tenu en 549, déclara que les élections se feraient avec la permission du roi « *cum voluntate Regis* », mais il entendait que cela ne mettrait pas obstacle à la liberté des suffrages du clergé, du peuple et des évêques, selon les anciens canons. Cette permission royale ne pouvait être que la permission de procéder à l'élection, ou l'approbation de l'élu ou les deux ensemble. Le concile de Paris, tenu huit ans plus tard (557), défendit de recevoir les évêques qui se seraient faits nommer directement par le roi sans avoir été élus (1).

(1) Thomassin, *Anciennes et nouvelles Disciplines de l'Eglise*, t. II, col. 741 et 742. Concile d'Orléans (canon 10) : « sed cum voluntate regis, juxta electionem cleri et plebis, sicut in antiquis canonibus tenetur scriptum, a Metropolitano cum comprovincialibus Pontifex consecretur. »

Concile de Paris (canon 8) : « Nullus civibus invitis ordinetur Episcopus nisi quem populi et clericorum electio plenissimâ quesierit voluntate. Non principis imperio neque per quamlibet conditionem, contra Metropolis voluntatem vel Episcoporum comprovincialium ingeratur. »

Plus tard l'édit de 614 réserva au roi le droit de nomination directe et nous trouvons des formules qui représentent l'exercice de l'une ou l'autre prérogative royale, approbation ou nomination. Le droit d'élection, dans ces conditions, devient le plus souvent un simple droit de pétition ou de présentation.

Ce régime, dont on rencontre des traces avant l'édit de 614, paraît remonter aux premiers temps de la monarchie franque et ne souleva de la part de l'Eglise qu'un petit nombre de protestations. Il demeura en vigueur sous les premiers Carolingiens et c'est Louis le Débonnaire qui passe pour avoir le premier, dans un capitulaire de 818-819, rétabli la liberté des élections épiscopales ou plutôt renoncé à la nomination directe par le souverain (1).

Au IXe siècle l'évêque est canoniquement élu par une assemblée composée des éléments divers de la cité, clercs, moines, grands et peuple, confirmé par le roi, examiné, approuvé, sacré par le métropolitain et les évêques de la province, voilà l'ancien droit.

Dès le Xe siècle le particularisme local qui triomphe, la sécularisation des abbayes et des paroisses, la transformation des églises en seigneuries créent

(1) Esmein, *Cours élémentaire d'histoire du Droit français*, pp. 159 et 160 et les références indiquées à cet endroit. V. aussi sur la question des élections épiscopales sous les Mérovingiens un article de M. l'abbé Vacandard (*Revue des questions historiques*, 1898).

une organisation nouvelle et des rapports de dépendance entre l'élu et celui qui le confirme. L'assemblée n'est plus l'organe de la cité ; elle devient un corps restreint où l'on prend place en vertu des fonctions que l'on exerce ou des terres que l'on possède. *L'électorat* est un privilège personnel ou territorial. L'évêque n'est plus le représentant de la communauté, c'est un seigneur nommé par une assemblée de grands. En même temps, le mode de concession se transforme : comme seigneur aussi, l'évêque est investi de son église qu'il doit tenir d'un suzerain. L'investiture ne transfère pas seulement la juridiction temporelle sur des biens dont le roi a la garde ; elle donne l'église et cette tradition comme celle du fief se fait à charge d'hommage et de fidélité.

Vers le milieu du Xe siècle une réforme énergique commence à ébranler l'édifice féodal. Pendant soixante dix ans le mouvement religieux essaie d'affranchir l'Eglise et d'y restaurer l'ancien droit. Il y parvient en partie. L'assemblée électorale est rétablie, l'investiture et l'hommage sont supprimés. Mais cette réforme ne réussit pas à faire durer l'esprit et les usages de la communauté, les attributions des métropolitains, l'indépendance du suffrage. Peu à peu l'évêque cesse d'être désigné par l'élection de tous ; il est choisi par celle du chapitre. La confirmation du métropolitain et du collège épiscopal perd son ancienne importance pour ne laisser debout que celle du pape et du roi.

Un demi-siècle après la mort de Grégoire VII, l'ancien système électoral est condamné. Le XIIe siècle a vu ainsi la fin des grandes assemblées de la cité chrétienne. Aux éléments antérieurs de l'élection, communauté, roi, métropolitain, évêques se sont substitués alors d'autres éléments, chapitres, roi ou seigneur, pape. Désormais la liberté se réfugie dans les cloîtres où se conserve plus pur l'idéal des premiers temps. L'élection n'est plus que le dernier vestige d'une institution populaire jusqu'au jour où les chapitres disparaîtront à leur tour, victimes du mouvement qui tendait à supprimer les libertés locales au profit de la centralisation administrative et fiscale du XIVe siècle, sous cette double forme, le Saint-Siège et la royauté (1).

En résumé, sous les deux premières dynasties de nos rois, les élections des dignitaires de l'Eglise étaient confiées aux fidèles et au clergé des cités épiscopales, sauf approbation du métropolitain et du roi. Au XIIe siècle l'élection des évêques fut déférée aux chapitres des chanoines et l'on décida qu'en cas de contestation l'élection serait confiée au métropolitain et au pape. Mais peu à peu, les papes s'attribuèrent le choix des évêques et des abbés ; ils se

(1) Imbart de la Tour, *Les élections épiscopales dans l'Eglise de France*, du IXe au XIIe siècle, pp. 830 et suiv.

firent payer par ceux qui désiraient les dignités ecclésiastiques, les droits de réserve et d'expectative. Tout était à l'encan et tous les riches bénéfices français étaient aux mains des Italiens.

L'Université, dont les gradués en théologie avaient particulièrement à souffrir de cet état de choses, fit rétablir dès 1410 les élections canoniques, c'est-à-dire le choix des évêques par les chapitres des chanoines et des abbés par les moines. En 1418 Charles VII, dans le Parlement de Poitiers, confirma le rétablissement des élections canoniques rétablies en France d'une façon complète et définitive par l'ordonnance de 1438 qui prit le nom de Pragmatique Sanction de Bourges, du nom de l'Assemblée solennelle qui, réunie en cette ville, la prépara et en obtint la promulgation.

On sait les vicissitudes de cette Pragmatique supprimée par le successeur de Charles VII, Louis XI, et remplacée par un Concordat datant de 1472 (1). La Pragmatique ne cessa cependant de demeurer en vigueur malgré des alternatives diverses et il fallut toute l'autorité de François Ier pour y mettre fin. Les élections canoniques se multiplièrent en France tant pour les évêchés que pour les abbayes jusqu'au Con-

(1) Le Concordat négocié en 1472 par Louis XI accordait déjà à la royauté un droit d'intervention dans les nominations épiscopales tout en laissant la collation des bénéfices au Pape et aux électeurs, un tiers de ceux-ci devait être accordé à la demande du roi, du Dauphin, de la reine et des Cours du Parlement.

cordat négocié par François Ier et même plusieurs années après cet acte, des élections, nous l'avons déjà vu, eurent lieu en France mais sans résultats durables.

II

Le Concordat de 1516 venait modifier profondément cet état de choses. Il supprimait définitivement les élections épiscopales, occasions de tant de difficultés et de tant de brigues, et auxquelles on était demeuré très attaché. Il allait malgré les protestations et les résistances, demeurer en vigueur jusqu'à la fin de l'ancienne monarchie et devait même au début de notre siècle offrir un précédent qui fut exactement suivi, quand il s'agit de régler au sortir de la Révolution, les rapports en France de l'Eglise et de l'Etat.

Il nous importe assez peu de savoir si le pape avait le droit de déléguer au roi, chef d'une puissance temporelle, le recrutement du haut clergé, si le roi pouvait de son côté méconnaître les fameuses libertés de l'Eglise Gallicane en reconnaissant formellement au pape le droit d'institution, s'il y avait à l'une et l'autre concessions des précédents historiques et des autorisations canoniques. L'examen de ces points nous entraînerait dans une discussion où nous serions incompétents : nous nous contentons d'examiner ici les résultats de cet acte.

L'élection capitulaire était remplacée par la nomination royale, faite dans les six mois de la vacance du siège, d'un docteur ou licencié en théologie, âgé au moins de 27 ans et possédant toutes les qualités requises : « *personne idoine* » dit le texte du Concordat. La nomination royale était plutôt une présentation, car le sujet nommé par le roi était présenté au pape qui lui conférait l'institution canonique et les bulles le mettant en possession de son évêché et lui permettant d'être sacré.

M. Madelin a étudié récemment (1) quelques dossiers de personnages promus à l'épiscopat dans les premières années où le Concordat était en vigueur. On y trouve : 1° une lettre du roi en français présentant le candidat à l'investiture ; 2° parfois une autre lettre du roi en faveur du candidat présenté au cardinal Médicis, cousin du pape et à partir de 1517 vice-chancelier de l'Eglise Romaine et cardinal protecteur de France; 3° une enquête généralement assez longue sur l'évêché en cause et le candidat à pourvoir. Il faut remarquer que les termes de ces enquêtes étaient à peu près identiques, quel que soit l'évêché et renfermaient surtout des considérations géographiques ou très banales sur la ville épiscopale. Quant aux renseignements sur le candidat, ils étaient absolument insuffisants et à cette époque l'enquête

(1) Ecole française de Rome, *Mélanges d'archéologie et d'histoire*, 1897, f. IV-V; p. 323-385.

canonique sérieuse pour les candidats présentés à l'épiscopat n'existait pas. Le dossier contenait enfin une cédule consistoriale nommant le candidat à l'évêché et faisant de l'élu du roi l'institué du pape et le chef incontestable du diocèse.

Il pouvait arriver que le pape, pour des raisons d'ordres divers refusât d'accepter le candidat royal; dans ce cas, le roi avait un nouveau délai de trois mois pour présenter un autre candidat. Mais il est un cas que le Concordat ne semble pas avoir prévu et qui présente certaines difficultés : que devait-il se passer si le pape refusant de donner l'institution canonique à l'élu du roi, le prince persiste dans son choix primitif et refuse de présenter un autre sujet. Le siège devait demeurer vacant mais, et cela s'est produit sous Louis XIV, au moment des difficultés avec la cour de Rome, les évêques élus par le roi ont été par celui-ci mis en possession du temporel de leur évêché et leur nomination a mis fin à la perception du droit de régale perçu par la royauté en cas de vacance du siège (1).

(1) Le pape était complètement lié par le Concordat et était obligé de préconiser le candidat royal, s'il présentait les conditions requises et l'on avait au cas de mauvaise volonté de la part du Saint-Siège cherché pour le droit royal une sanction effective. Rebuffe (*Praxis beneficiorum*, p. 551, édit. de Lyon), proposait dans ce cas de procéder à une élection. Mais ce n'était là, à notre avis, qu'éloigner la difficulté, car le Souverain Pontife n'allait pas se montrer dans la plupart du temps, dans l'hypothèse, plus disposé à accorder l'institution, toujours nécessaire au candidat du roi devenu l'élu du chapitre.

Le Concordat stipulait, nous l'avons indiqué plus haut, que le candidat devait être docteur ou licencié en théologie. C'était là une disposition établie surtout en faveur des Universités, dont les gradués avaient eu à souffrir quand les bénéfices étaient à la discrétion absolue du Saint-Siège. C'était également un moyen d'assurer aux diocèses des pasteurs instruits et des administrateurs excellents. Cependant plusieurs exceptions étaient admises à cette règle et on permettait au roi de nommer aux évêchés, bien qu'ils fussent dépourvus de tout grade, les princes du sang, les grands seigneurs et des religieux des ordres mendiants d'un mérite exceptionnel.

Le Concordat stipulait aussi la réserve en faveur du pape des bénéfices qui viendraient à vaquer en cour de Rome, c'est-à-dire que le pape aurait la disposition complète et pourrait pourvoir, sans aucune intervention royale, au remplacement des titulaires morts à Rome ou dans un certain rayon autour de cette ville. Cette règle cependant ne fut pas toujours strictement observée et il arriva souvent que même au cas d'un décès survenu en cour de Rome, ce fut le roi de France et non le Souverain Pontife qui pourvut au remplacement du titulaire défunt (1).

(1) Des indults des papes Paul III en 1533 et Jules III donnaient aux rois de France François Ier et Henri II le droit de nommer aux bénéfices vacants en cour de Rome *in curia* comme si les titulaires de ceux-ci décédaient en France. BIBLIOTH. NAT., DÉPART. DES MANUS. *Coll. Dupuy*, t. 423.

Une dernière disposition qui, elle aussi, ne tarda pas à disparaître, était la conservation du droit d'élection en faveur de quelques abbayes très importantes et en faveur de quelques chapitres cathédraux qui avaient obtenu du roi cette faveur. Bientôt la royauté retirera même ce faible reste du droit électoral primitif et deviendra en France, l'unique dispensatrice des dignités ecclésiastiques, alors si nombreuses.

Telles étaient, en résumé, les dispositions prises en 1516 entre le roi de France et la Papauté au sujet de la suppression des élections qui avaient amené tant de difficultés. La nomination par la volonté du roi, faite dans des conditions sérieuses, portant sur des candidats dignes de l'épiscopat et en possédant les qualités et les vertus, le choix royal contrôlé par des enquêtes sévères, auraient pu donner d'excellents résultats. Malheureusement il en fut autrement. La Cour romaine se désintéressa complètement des candidats nommés par le roi de France ; à tous elle accorda l'institution canonique. D'autre part le roi de France considéra trop souvent la collation d'un évêché comme une récompense purement temporelle sans considérer le côté spirituel de la charge épiscopale et le Concordat de 1516, mal défendu par la faiblesse des Souverains Pontifes contre les interprétations capricieuses des rois, porta des fruits détestables. Jusqu'à la fin des guerres de religion, il peupla les bénéfices ecclésiastiques de laïques, gens de guerre, favoris et favorites. Des ménages s'installèrent dans les évêchés et jusque dans les abbayes parmi les religieux au grand scandale du peuple. Pierre de Bourdeille, le spirituel capitaine, était abbé de Brantôme, Bussy d'Amboise le plus heureux duelliste de son temps se nommait l'abbé de Bourgueil, le farouche Montluc possédait une abbaye à Sens ; du Guast de qui Henri III était « possédé » recevait de Sa Majesté, en récompense de ses services, les évêchés de Grenoble et d'Amiens ; il vendait l'un trente mille livres à une fille de la cour et l'autre quarante mille au fils du seigneur d'Avanson. L'évêché de Cornouailles était remis en dot à une jeune fille, et d'autres confiés à des enfants de quinze ans (1).

On pourrait multiplier ces exemples, car le mal était général dans tout le royaume. Cela nous permet d'expliquer les protestations violentes qui se produisent alors contre le Concordat, motivées surtout par les choix malheureux de la royauté qu'inspiraient les brigues et les cabales de la cour. Le moment est venu d'examiner en détail ce mouvement général de protestations et de résistances.

(1) *La France chrétienne dans l'histoire*, p. 355 et 356 (art. du P. Baudrillart).

CHAPITRE II

PROTESTATIONS QUI SE SONT PRODUITES CONTRE LE MODE DE NOMINATION DES ÉVÊQUES ÉTABLI EN 1516.

Ces protestations que nous avons l'intention d'étudier en ce chapitre à partir de 1547 furent surtout très vives et très fréquentes à partir de 1560. Nous nous proposons de les examiner d'abord formulées par les Etats Généraux et les Assemblées du clergé, puis de citer quelques auteurs qui ont réclamé contre l'état de choses existant ; nous verrons ensuite comment à la veille de la révolution de 1789, le principe électif est rentré en faveur, a fait l'objet de vœux favorables dans les cahiers préliminaires et comment il a préparé la Constitution civile du clergé.

I

Deux corps importants dans la nation n'ont cessé durant de longues années de faire entendre à la royauté sur le sujet que nous étudions de graves protestations et de sérieux avertissements. Nous voulons parler des Etats Généraux et des Assemblées du clergé. Les premiers, convoqués d'une façon à peu près régulière durant les quarante dernières années du XVIe siècle, ont cessé de se réunir en 1614 pour ne reparaître qu'en 1789. Les seconds, établis pour voter le subside annuel du clergé de France à la royauté, eurent plus de régularité et se réunirent jusqu'à la veille de la Révolution de dix ans en dix ans. Une petite assemblée pour mener à bonne fin les affaires courantes se réunissait dans l'intervalle, à l'origine tous les trois ans, puis seulement tous les cinq ans (1).

Les Etats Généraux d'Orléans de 1560 se présentent les premiers dans l'ordre des dates et on peut, en notre matière, les considérer comme une des assemblées les plus importantes. C'est grâce à leurs instances, nous le verrons plus loin, que les élec-

(1) Il était établi que la contribution du clergé de France aux dépenses publiques résultait des contrats intervenus tous les dix ans entre ses représentants et le pouvoir royal... Le clergé avait comme les pays d'Etats, plus librement et plus complètement que ceux-ci, le droit de voter, consentir et administrer lui-même ses impôts. Il avait en réalité son propre parlement qui était électif. Dans le dernier Etat, chaque province envoyait quatre députés dont deux de premier ordre et deux de second ordre. Les élections étaient à plusieurs degrés. On votait la contribution annuelle fixée au contrat de Melun et aussi des dons gratuits. Le clergé avait aussi la répartition et la perception des impôts (receveur général, receveur particulier dans chaque diocèse, chambres ecclésiastiques, petite assemblée pour recevoir les comptes des agents et comptables, se réunissant d'abord tous les trois ans puis, à partir de 1625, tous les cinq ans).

Le roi pouvait convoquer, en dehors des assemblées décennales, des assemblées extraordinaires du clergé de France. Esmein, *Cours d'histoire du droit français*, 3e édit., p. 634-642.

tions faillirent se trouver rétablies dans le royaume.

Avec des formes diverses, les trois Ordres y réclamaient au fond le rétablissement des élections. Le clergé demandait le retour à la Pragmatique Sanction, la noblesse qu'on tînt des Assemblées d'Etat pour la présentation des évêques, le tiers que le clergé choisît à tous les degrés ses supérieurs, les religieux leur abbé, les curés leur évêque, les évêques leur archevêque. A l'élément purement ecclésiastique le troisième ordre proposait en outre d'adjoindre les maires, les échevins et les plus notables habitants jusqu'au nombre de quarante (cahier du tiers état, art. 10 et 11) (1).

Deux mois avant l'ouverture des Etats de 1560, Eustache du Bellay, évêque de Paris, avait invité l'Université à se faire représenter aux Etats d'Orléans et à y proposer les points qu'elle jugerait nécessaires. L'Université se réunit aux Mathurins et nomma une commission pour déterminer les principales demandes. Peu de jours après, Nicolas Maillart, doyen de la Faculté de théologie, alla avec une députation, lire à l'évêque les demandes exprimées sans ordre, en termes secs et impératifs : « Qu'on relève ce qui est tombé, qu'on rétablisse les élections, qu'on abolisse tout concordat, car l'état ecclésiastique est changé depuis la suppression de la Pragma-

(1) Picot, *Histoire des Etats Généraux*, t. II, p. 81.

tique ». Ces articles furent portés à la chambre du clergé des Etats d'Orléans et y devinrent la base de ses cahiers (1).

Le clergé des Etats Généraux prit en effet comme base de ses réclamations en faveur des élections les doléances de l'Université et nous retrouvons dans dans son cahier (art. 35, 37 et 38) (2) les mêmes idées que celles exprimées par le doyen de la Faculté de théologie. Quentin, dans la séance d'ouverture, dans la harangue adressée au roi au nom du clergé, dit à son tour que, pour ramener la régularité dans les rangs du clergé, il ne voyait pas de moyen plus efficace que le régime de la Pragmatique Sanction abolie par le Concordat de Léon X et de François Ier (3).

L'on a vu que la noblesse de son côté réclamait la présentation des candidats aux dignités ecclésias-

(1) Longueval, *Histoire de l'Eglise gallicane*, t. XIX, pp. 174 et 175.

(2) Cahier du clergé aux Etats Généraux de 1560.

Art. 35. — « Qu'à l'avenir il soit pourvu aux dignités pastorales, abbayes et autres bénéfices tant séculiers que réguliers, par élection. »

Art. 37. — « De là aviendront grands biens entre autres grand nombre d'or et d'argent qui sort chaque an du royaume à faute des dites élections. »

Art. 38. — « Seront élus personnes nourris et instruits de longue main en choses appartenant à l'état ecclésiastique, lesquels prendront plaisir à résider sur leurs bénéfices. »

(*Recueil des actes, titres et mémoires concernant les affaires du clergé de France*, t. II.)

(3) Longueval, *Histoire de l'Eglise gallicane*, t. XIX, p. 181.

tiques par des assemblées provinciales. Le tiers avait réclamé l'adjonction aux électeurs ordinaires de notables du pays ou de la cité épiscopale. La grande ordonnance de 1560, conséquence naturelle des Etats d'Orléans, fit droit en quelque sorte aux demandes du clergé, de la noblesse et du tiers en essayant d'un système de conciliation.

Rédigée par le chancelier L'Hôpital lui-même, elle rétablissait dans son article premier la Pragmatique abolie par François Ier, laquelle était favorable aux libertés de l'Eglise Gallicane et elle voulait que les élections canoniques, dans lesquelles devaient intervenir des députés du peuple, fussent rétablies (1).

L'ordonnance de 1560 contenait en effet dans son article premier une satisfaction donnée aux remontrances des trois ordres. Elle rétablissait l'élection, s'inspirant surtout des vœux du tiers état et introduisait dans cette élection un élément laïque : 12 gentilhommes du diocèse, 12 notables de la ville épiscopale ou archiépiscopale étaient parmi les électeurs. Du reste ce n'était qu'un premier pas fait dans la voie des réformes en cette matière, car l'ordonnance d'Orléans était encore bien insuffisante : il ne s'agissait pas d'un droit d'élection ordinaire mais plutôt d'un droit de présentation de trois candidats au

(1) Taillandier, *Nouvelles recherches historiques sur la vie et les ouvrages du chancelier de L'Hôpital*, p. 61.

roi qui restait libre de choisir dans ces limites (1).

Isambert rapproche (2) cette disposition de l'article 1er de l'ordonnance d'Orléans de la maxime posée par le concile de Trente dans les termes suivants : *Electio est clericorum, consensus principis, petitio plebis* (3), en même temps que de la Novelle 123 qui pose la règle du concours des notables au choix entre trois candidats, et de l'âge requis qu'elle fixe à trente-cinq ans (4).

Lorsque parut l'ordonnance de 1560, le Parlement qui devait l'enregistrer voulut faire usage encore de son droit de remontrances dont il avait tant usé au début du siècle et le procureur général Bourdin dans

(1) Ordonnance de 1560 (art. 1er).

« Les archevêques et évêques seront désormais élus et nommés : savoir les archevêques par les évêques de la province et par le chapitre de la Métropole ; les évêques par l'archevêque, les évêques de la province et les chanoines de l'Église cathédrale, appelés avec eux, 12 gentilshommes qui seront élus par la noblesse du diocèse et douze notables bourgeois élus en l'hôtel de ville archiépiscopale ou épiscopale ; tous lesquels s'accorderont de trois personnages de qualités requises, âgés au moins de trente ans qu'ils présenteront à Sa Majesté qui choisira l'un des trois ». *Recueil des actes, titres et mémoires concernant le clergé de France*, t. II, p. 254-255.

(2) Isambert, *Recueil général des anciennes lois françaises de 420 à la Révolution de* 1789 (t. XIV, p. 64).

(3) 8 sessio, c. 13.

(4) Novelle 123. *De diversis capitibus Ecclesiæ*, cap. I, p.et § I pr. : Sancimus igitur quotiens opus fuerit episcopum ordinare, clericos et primates civitatis, cujus futurus est episcopus ordinare, mox in tribus personis decreta facere, propositis sacrosanctis evangeliis..... § I. Hoc quoque decretis oportet quia non minus quam triginta quinque ætatis annos habere... *Corpus jur. Civil.*, Berlin, III, p. 626.

ses conclusions sur le contenu de l'ordonnance d'Orléans au chapitre de l'état ecclésiastique demanda l'application du concile de Bâle, l'exclusion de l'élection des 12 gentilshommes et la présentation d'un seul sujet. C'était revenir complètement à la Pragmatique, en admettant l'élection par les électeurs ordinaires et la simple confirmation du prince.

Le Parlement fit des remontrances au roi Charles IX avant d'enregistrer l'ordonnance et demanda le rétablissement des élections pour tous les bénéfices, sans aucune exception. Il fit aussi des remarques au sujet de la forme et déclara que sous le nom de bourgeois sont compris « tous citoyens, habitants des villes, soit officiers du roi, marchands, gens vivant de leur rente et autres ; que les Nobles venant au Conclave pour élire laisseront leurs armes » (1).

Bien que l'exécution de l'ordonnance de 1560 soit précisément commandée par l'article 34 de celle de Roussillon, l'article 1er comme plusieurs autres n'eut point d'exécution. On savait que certaines mesures prescrites excédaient pour leur exécution le pouvoir du roi : ainsi les élections épiscopales ne pouvaient se rétablir sans le consentement de la cour romaine. On chargea donc le Président Du Ferrier d'en aller conférer avec le Souverain Pontife;

(1) *Collection des procès-verbaux des Assemblées du clergé de France*, t. I, pièces justificatives, p. 2, 4 et 5.

mais les instructions qu'on lui donna trahissaient le dépit de recourir à l'autorité du Saint-Siège plutôt qu'elles ne révélaient le désir de lui rendre justice. Du Ferrier devait déclarer à Sa Sainteté que, pour faire droit aux doléances des Etats du royaume et, pour se conformer aux canons des conciles, de celui de Bâle en particulier, aux anciens usages de l'Eglise Gallicane qui, ainsi que les Parlements, n'avait reçu le Concordat que par force et par crainte de déplaire au roi, celui-ci jugeait que les annates ne pouvaient s'exiger sans énorme simonie. Du Ferrier devait encore remontrer au pape que, par les préventions qui depuis le Concordat déterminaient les nominations aux bénéfices et aux charges ecclésiastiques, des ignorants et des intrigants pouvaient seuls y parvenir ; qu'il était donc urgent que Sa Sainteté se désistât de ce droit et laissât retourner la France à l'ancien mode d'élection (1).

Cependant le gouvernement n'avait jamais eu l'intention sérieuse (on le verra par la suite) de faire droit aux réclamations des trois ordres et beaucoup moins encore à celles du clergé. Le Souverain Pontife rejeta les demandes du président Du Ferrier et le roi de France ne renouvela plus près de lui pareille demande (2).

(1) Longueval, *Histoire de l'Église gallicane*, t. XIX, p. 198-199, et les auteurs cités par lui.
(2) Longueval, *op. cit.*, t. XIX, p. 200.

En 1561 les Etats se réunirent à Pontoise, mais cette fois on n'insista plus sur notre question. Considérant l'assemblée de Pontoise comme la continuation des Etats d'Orléans, le clergé et la noblesse se bornèrent à provoquer de la part du gouvernement une réponse définitive aux cahiers qu'ils avaient présentés dans cette dernière assemblée (1).

La royauté n'avait, nous l'avons dit, aucun désir de voir appliquer l'article premier de l'ordonnance d'Orléans. Un an plus tard, à l'assemblée de Poissy en 1561, la reine mère déclara aux députés de l'assemblée que l'intention du roi n'était pas d'introduire les élections ; que Sa Majesté s'était soumise pour le temps de sa minorité seulement à ce que l'évêque métropolitain et ses comprovinciaux, les chanoines et les curés de la cité, douze nobles du pays et douze du Tiers Etat élisent trois sujets desquels le roi présenterait au Pape celui qu'il voudrait.

Tel était l'état de la question, peu de temps après la promulgation de l'ordonnance d'Orléans ; un édit rénovateur, un pouvoir se refusant d'en faire l'application. Cette situation devait se perpétuer et combien de fois dans la suite de cette étude, ne verrons-nous pas après une réclamation énergique de la part des Etats en faveur de l'ancien droit électoral, ces mêmes Etats demander à la royauté comme

(1) Longueval, *op. cit.*, t. XIX, p. 354.

un minimum de garanties en cette matière le retour à l'ordonnance de 1560.

Ainsi malgré l'ordonnance de 1560 rien n'avait été modifié (nous avons vu la déclaration de la reine sur ce point) au régime auquel était soumis l'Eglise de France. Aussi pour éviter les abus dans la nomination des évêques, l'assemblée du clergé réunie à Poissy en 1562 ordonna-t-elle d'afficher à la porte du chapitre de l'Eglise cathédrale et des autres lieux le nom de celui qui aura été nommé par le roi à quelque évêché afin que chacun puisse déclarer s'il a des défauts qui le rendent incapable d'une si haute dignité. Cette disposition dut tomber bientôt en désuétude, car elle nous semble tout à fait platonique : comment en effet empêcher, par une simple déclaration, le choix d'un favori du roi et comment surtout, alors que les enquêtes de la cour pontificale étaient si peu sérieuses et que le pape montrait tant de condescendance dans l'application du Concordat, empêcher la préconisation au siège désigné de l'élu du roi. Cette disposition de l'assemblée de Poissy ne nous semble guère qu'une protestation sans effet contre les facilités trop grandes données par le Concordat au roi de France et c'est à ce titre que nous la relatons ici (1).

En 1571, l'assemblée du clergé adressa au roi

(1) Fleury, *Histoire ecclésiastique*, t XXI, p. 501.

Charles IX de nouvelles réclamations en faveur de son droit d'élection, réclamations qu'il fit entrer dans ses remontrances. Le roi, en réponse à ces remontrances, publia une ordonnance (avril 1571) dans laquelle il affirma une fois de plus la volonté de la royauté de persévérer dans la voie ouverte en 1516, en promettant toutefois de se montrer observateur fidèle « des saints décrets, conciles et concordats » (1).

La situation, malgré l'espoir qu'avaient fait naître les Etats d'Orléans, était donc demeurée identique et divers motifs avaient concouru à empêcher l'ordonnance d'Orléans, qui, sans abolir le droit de nomination dévolu au roi par le Concordat, avait permis de présenter trois candidats au choix royal, d'être mise en vigueur.

Les rois, gênés par l'élection qui restreignait leur pouvoir, se sentaient peu disposés à reprendre le joug. De son côté, le clergé était profondément divisé sur le droit d'élection. Tandis que la masse des clercs s'épuisait vainement à en réclamer l'exercice, les prélats, presque toujours groupés autour du prince, préféraient son arbitraire aux caprices mouvants d'une popularité qu'il aurait fallu conquérir au prix de vertus trop rares à cette époque.

(1) Art. 1er. — « Que notre intention a toujours été comme elle est et sera de nommer aux archevêchés, évêchés et abbayes et autres bénéfices de notre royaume qui sont à notre nomination, personnages capables et qualifiés, suivant les saints décrets, conciles et concordats. »

Telles sont les causes diverses qui expliquent aisément le vœu favorable aux élections inséré dans le cahier du clergé des Etats de Blois de 1576 que nous allons examiner à l'instant. Cette insertion fut obtenue grâce au clergé non mitré qui constituait la majorité de l'ordre. Le tiers avait aussi réclamé le rétablissement des élections. Revendiquant le souvenir de l'ordonnance d'Orléans et plus encore de la Pragmatique Sanction, il voulait donner aux électeurs une autorité absolue dans le choix des supérieurs.

Ainsi les rôles étaient bien nets ; la masse du clergé et le tiers, unis dans un même sentiment d'influence populaire, réclamaient la nomination plus ou moins directe des évêques, la noblesse plus soumise aux volontés royales se contentait de demander avant le choix du nouveau prélat, une enquête spéciale dans laquelle seraient entendus les « notables gentilshommes du diocèse qui auraient le droit de proposer et dire ce qu'ils sauraient être en iceux indigne de telles charges ».

Ce fut cet avis qui prévalût dans l'ordonnance promulguée à la suite des Etats de 1576. Nous verrons plus tard les termes mêmes de l'article de cette ordonnance, relatif à notre matière. Ainsi triomphaient, malgré l'opposition du tiers qui en réclamait l'abolition, les maximes du Concordat de 1516 (1).

(1) Picot (G.), *Histoire des Etats Généraux*, t. II, p. 393 et suiv.

Aux Etats Généraux de Blois de 1576 dont nous venons de voir les résultats généraux, la noblesse avait d'abord résolu de réclamer dans son cahier les élections ecclésiastiques. Son cahier était rédigé en ce sens : « Bien est vrai, dit G. de Taix, qu'ils y voulaient avoir place ; mais quand nous leur dîmes que nous aurions donc place quand le roi ferait des capitaines et des chevaliers, ils renoncèrent aux élections (1) ».

Le clergé de son côté réclama aux Etats de Blois, d'une manière énergique, le rétablissement des élections. Les évêques faisaient entendre qu'il ne fallait pas les demander, que jamais on ne les obtiendrait, que le roi voulait se le réserver en vertu du Concordat ; qu'il accorderait tout au plus l'élection des quatre chefs d'ordre, Cluny, Citeaux, Grammont et Prémontré. La chose étant mise en délibération, il fut résolu que le cahier porterait une requête en faveur du rétablissement des élections (2). Dans la discussion qui précéda cette résolution, on dit en faveur des élections qu'elles avaient été rétablies par les Etats Généraux d'Orléans.

Le journal de De Taix nous indique dans des termes à peu près identiques la discussion qui eut lieu

(1) Journal de De Taix au 28 décembre cité par Picot, II, p. 394 (note).

(2) *Collection des procès-verbaux des Assemblées du clergé de France*, t. I, p. 90.

au sujet des élections dans la chambre du clergé, aux Etats Généraux de 1576, mais plus explicite que les procès-verbaux des Assemblées du clergé de France, il nous indique la cause de l'opposition « malgré quelques évêques qui veulent abandonner la questions, on les réclame de nouveau » — « laisser au roi les élections, ajoute-t-il, ce serait être traître à notre religion (1) ».

Aussi, le 26 décembre 1576, le clergé réuni dans sa chambre prit-il une résolution solennelle décidant l'insertion au cahier définitif d'un vœu en faveur des élections, déclarant qu'il allait requérir que « les élections soient remises selon la forme ancienne observée avant les Concordats, comme contraires aux constitutions et sanctions canoniques (2) ».

Le cahier du clergé des Etats de Blois s'exprime formellement en faveur du rétablissement des élections,

(1) De Taix (Guil.), *Mémoires des affaires du clergé de France dénotées et délibérées ès premiers États de Blois* (1576), etc., p. 26 et suiv.

(2) L'assemblée connaissant les maux qui sont survenus en ce royaume au grand préjudice de l'Eglise catholique et universelle depuis que les élections des archevêchés, évêchés et abbayes, prieurés n'ont plus de lieu en France par le titre du concordat : « *de regia ad prelaturas nominatione facienda* », a été d'avis de faire article exprès au cahier à l'effet de requérir absolument et sans aucune modification que les élections soient remises selon la forme ancienne observée avant les Concordats comme contraires aux constitutions et sanctions canoniques (*Recueil des pièces originales et authentiques concernant les États Généraux d'Orléans, de Blois, de Paris*, t. II, p. 138).

en indiquant les difficultés qui sont survenues par suite de mauvaises nominations faites par l'autorité royale (1).

Le roi, en réponse aux demandes du cahier, promit par son procureur de faire des informations suffisantes, des interrogations, d'exiger l'âge de 27 ans et les bulles dans les six mois, de ne donner aucune réserve de bénéfices et de ne créer aucune pension sur les archevêchés et les évêchés (2).

Henri III répondit aux doléances présentées par les trois ordres par une ordonnance dans laquelle il déclara vouloir conserver la nomination aux bénéfices ecclésiastiques, mais en précisant les délais de la nomination et les conditions à exiger du candidat (3).

(1) « Supplient Votre Majesté de ne pas trouver mauvais qu'ils disent que le plus grand abus qui se soit commis en l'Eglise est que pervertissant tout ancien bon ordre par lequel suivant les saints et sacrés conciles et décrets de l'Eglise Universelle, une chacune Eglise élisait son pasteur et un chacun couvent élisait son abbé, les Rois, à la grande charge de leur conscience ont entrepris de nommer aux prélatures et abbayes telles personnes que bon leur semblerait, le plus souvent indignes ou incapables, en faveur, ou par importunité des seigneurs, dames ou autres personnes... Par quoi semble aux dits ecclésiastiques que Votre Majesté... doit rendre à l'Eglise ces élections et remettre les dits ecclésiastiques en liberté de s'élire leurs pasteurs et prélats, tels qu'ils avaient auparavant les concordats et d'en décharger votre conscience » (*Recueil des actes, titres et mémoires concernant le clergé de France*, t. II, p. 243).

(2) *Collection des procès-verbaux des Assemblées du clergé de France*, t. I, pièces justificatives, p. 47.

(3) *Recueil des mémoires relatifs aux affaires du clergé de France*,

Les Etats de Blois furent suivis d'une Assemblée du clergé de France qui se tint à Melun à la fin de 1579 et au commencement de 1580. Le rétablissement des élections y fut proposé comme « un des des meilleurs moyens de réformation et des plus propres à remédier aux désordres qui naissent de la mauvaise distribution des prélatures ». Le Roi déclara ne pouvoir se départir du droit de nomination, mais promit qu'il allait pourvoir aux abus. L'évêque de Noyon, dans cette assemblée, ajouta « qu'encore qu'il y eût de mauvaises élections quelquefois, jamais il ne s'était vu pour icelles tant d'abus comme il y en a maintenant par la nomination du roi » (1).

L'assemblée de 1579 réclama les élections pour toutes les dignités sans se restreindre aux archevêchés, évêchés et abbayes. Elles appartiennent à l'Eglise *de jure divino*. « Le Concordat a été imposé « au Parlement « *de expressissimo Regis man-* « *dato* ». C'est une violente usurpation du droit ecclésiastique d'où dépend sa ruine et l'entière suppression du clergé (2).

La demande en faveur du rétablissement des élections pour les archevêchés, évêchés et certaines ab-

t. II, p. 255; *Collection des procès-verbaux des Assemblées du clergé de France*, t. I, p. 47.

(1) *Collection des procès-verbaux des Assemblées du clergé de France*, t. I, p. 127.

(2) *Journal de De Taix*, p. 186 et 196 (Harangue de l'évêque de St-Brieuc).

bayes fut inscrite dans la requête à présenter au roi et approuvée par l'Assemblée du dernier jour de septembre 1579.

Le cahier du clergé, rédigé le 27 juillet de la même année contenait du reste un article réclamant les élections, mais dans les conférences le Chancelier répondit que le Roi ne voulait pas se départir de son droit de nomination, et qu'il ferait la nomination de façon à donner toute satisfaction. L'évêque de Bazas, quelques jours plus tôt (18 juillet), avait dans sa harangue au roi réclamé d'une façon énergique en même temps que la publication du concile de Trente le rétablissement des élections canoniques.

Le roi répondit « qu'il avait le droit de nomination aux évêchés et abbayes qui lui avait été délaissé par ses prédécesseurs qui en avaient joui de consentement du Pape et de l'Eglise et qu'il voulait le conserver. Il déduisit les inconvénients des élections qui ne seraient que brigues, factions, menées, querelles et simonies comme elles se commettaient ordinairement avant les élections. Que s'il fallait remettre les élections, il conviendrait que chacun des pourvus remît son évêché et ses abbayes et que peut-être ceux qui les ont à présent n'y seraient pas élus. L'évêque de Bazas répliqua que, s'il ne tenait qu'à remettre leurs évêchés en élections, ils y consentiraient très volontiers et qu'ils les rendraient à cette occasion » (1).

Comme on le voit, à cette époque le mouvement en faveur des élections parmi le clergé était très vif et même sincère, puisque l'évêque de Bazas dans sa réplique au roi offrait le sacrifice des bénéfices actuellement pourvus. Ce qui provoquait alors ce redoublement d'ardeur était le mauvais choix que continuait de faire la royauté pour pourvoir aux bénéfices ecclésiastiques. La promotion à l'évêché de Pamiers d'un homme de guerre, le capitaine Luisans, fut l'objet de plaintes très vives insérées dans les remontrances adressées au roi le 3 octobre par l'évêque de Saint-Brieuc. Le roi du reste promit le 7 octobre suivant de satisfaire les réclamations qui lui avaient été adressées et de pourvoir dignement aux sièges vacants (2).

Les doléances prenaient malheureusement, on vient de le constater, un caractère passif. Les assemblées successives se contentaient de faire entendre des protestations qui produisaient toujours un certain éclat, mais qui n'étaient suivies d'aucun résultat immédiat ; leurs membres croyaient avoir accompli leur devoir après avoir exhalé leurs plaintes, et les rois de France, insensibles aux harangues et aux remontrances des prélats, leur promettaient une

(1) *Collection des procès-verbaux des Assemblées du clergé de France*, t. I, p. 185.

(2) *Opus citat.*, t. I, pp. 131, 132, 133.

vague satisfaction et continuaient à peupler de leurs créatures les évêchés, les abbayes et les autres bénéfices de l'Eglise de France.

Les abus devaient exister bien graves et bien nombreux pour motiver, et bien longtemps encore, malgré la mauvaise volonté royale que l'on connaît, ces protestations que ne manquait pas de faire à chaque occasion le clergé du royaume, son épiscopat issu, pourtant complètement à cette époque, de ce régime et qui, à ce titre, aurait dû le préférer à tout autre.

Il n'en fut pas ainsi cependant : à l'assemblée du clergé de 1582, le président de l'assemblée, l'archevêque de Bourges, Renaud de Beaune, fait du rétablissement des élections, un des points principaux de la harangue qu'il adresse au roi. L'orateur prétendit « que, depuis le Concordat, la vertu, la probité et le savoir ne sont plus en aucun crédit, ni en considération dans le royaume ; toutes les charges s'y donnent à la faveur et aux moyens temporels dont aussi ceux qui les ont s'acquittent comme chiens muets qui ne peuvent aboyer contre le loup..... Le remède est de reprendre l'ancienne voie et forme de l'élection..... il est vrai qu'aux élections il se trouve quelquefois des abus parce que les hommes ont coutume d'abuser des meilleures choses, mais il y a été pourvu par les lois et il est aisé de s'y pourvoir d'une manière encore plus sévère » (1).

(1) *Collection des procès-verbaux des Assemblées du clergé de France*, t. I, p. 240 et 241.

Le roi, à cette harangue, ne fit aucune réponse et continua d'exercer son droit. A l'assemblée triennale de 1585-86, la question des élections et de leur rétablissement formèrent de nouveau un des sujets de la remontrance adressée au roi : « Supplier Votre Majesté de rendre le droit d'élection, lequel, au grand dommage de la discipline ecclésiastique, a été enlevé à l'Eglise et la nomination accordée à Sa Majesté au grand hasard de sa conscience » (1).

Dans ses remontrances faites au roi, l'évêque de Noyon s'écrie que les élections « étaient la vraie porte par laquelle il faut entrer en la bergerie de Jésus-Christ et non l'ambition et la faveur des Cours et autres moyens plus vilains et plus honteux ; que les princes, en s'attribuant la nomination aux bénéfices, se sont chargés d'un fardeau qui leur paraîtra plus lourd et plus fâcheux, lorsqu'il s'agira de paraître au jugement de Dieu, que le reste du gouvernement temporel qui leur est confié ; que l'on pouvait compter encore 27 à 28 archevêchés ou évêchés dépourvus de pasteurs légitimes, sans parler de ceux qui sont pourvus de pasteurs ou jeunes ou ignorants, ou mal vivant et ne faisant aucun devoir de leurs charges ; que l'on entend tous les jours des gens de guerre et même des femmes dire « mon bénéfice, mon abbaye » (2).

(1) *Collections des procès-verbaux des Assemblées du Clergé de France*, t. I, p. 283, 287, 339.

(2) *Opus. cit.*, t. I, p. 292.

Le roi se contenta de dire qu'il allait réfléchir et en conférer avec son conseil.

Durant le cours de la même Assemblée, le 3 juin 1585, l'archevêque de Vienne fit au roi de nouvelles remontrances et réclama à son tour le rétablissement des élections. Le roi se contenta de dire qu'il se référait à ses réponses précédentes.

Les Etats Généraux du royaume qui se réunirent à Blois en 1588 demeurèrent fidèles aux traditions laissées par les Etats d'Orléans et de Blois et les trois ordres demandèrent le droit d'élire les évêques et les abbés. Loin de s'affaiblir avec le temps, les souvenirs de la Pragmatique Sanction semblent d'année en année plus vifs si l'on s'en rapporte exclusivement aux voeux des cahiers ; mais il y a évidemment ici un courant qui tient à l'opinion particulière du clergé inférieur et qui dérive de l'esprit démocratique des députés de 1588. Toutes les ardeurs d'émancipation se retrouvent avec leurs élans successifs, dans les aspirations des derniers Etats de Blois..... Les élections canoniques y furent impérieusement réclamées sans qu'il se trouvât une voix pour soutenir le Concordat qui avait lié Léon X et François Ier (1).

Les procès-verbaux des cahiers et de la Chambre ecclésiastique des Etats de Blois sont perdus, nous

(1) Picot, *Histoire des Etats Généraux*, t. III, p. 154.

disent les auteurs de la Collection des procès-verbaux des Assemblées du clergé de France, mais leur cahier réclamait le rétablissement des élections (1). L'archevêque de Bourges, dans sa harangue au roi, montre les abus qui règnent dans l'Eglise de France et s'écrie que « le seul moyen d'y pourvoir est de reprendre et mettre sous l'ancienne forme de l'Eglise les élections de bons, doctes et sages prélats qui aiment Dieu et son Eglise (3) ».

Les présidents de la noblesse et du tiers sont d'accord avec le clergé pour réclamer avec la même énergie le rétablissement du droit électoral.

Le comte de Brissac, au nom de la noblesse qu'il présidait, s'exprimait en ces termes, le 15 janvier 1589 dans la harangue qu'il adresse au roi : « Veuille donc, Sire, le même esprit qui a conduit Votre Majesté à une si notable assemblée vous inspirer tellement que désormais la seule piété et la seule élection dispense aux pasteurs des âmes les dignités et les charges ecclésiastiques ». Etienne Bernard, président du tiers, rappelle dans sa harangue les profanations, les simonies et termine par ces mots : « Au torrent de tels abus, nous avons trouvé et opposé deux certains remèdes savoir : l'élection requise à la forme de

(1) *Collection des procès-verbaux des Assemblées du clergé de France*, t. I, p. 476.

(2) Même ouvrage, *Pièces just.*, p. 132, 133.

nos anciens et la prohibition de la pluralité des bénéfices (1) ».

On sait les difficultés d'ordre intérieur qui suivirent les Etats de 1588, l'assassinat des Guise suivi de l'assassinat du roi, la France divisée en deux factions et la Ligue se refusant à se soumettre à un roi protestant. On comprend le trouble et le désordre qui devaient à cette époque régner parmi le clergé de France. « Sur 140 évêchés, écrivait dans ses Mémoires le cardinal de Florence, 43 sont dépourvus de titulaires. Parmi les prélats, il n'y a pas beaucoup d'hommes soigneux. Ce désordre est né pendant les troubles, lorsqu'il n'y avait pas un roi reconnu par tous et sous ce rapport la Ligue a fait comme l'autre parti (2). » Du reste, une question particulière se posait ici : le pape nécessairement allait refuser l'institution canonique aux candidats choisis par un roi hérétique et il fallait chercher à tourner cette difficulté. Aussi en 1592 le roi Henri IV, encore calviniste, fit paraître un édit par lequel il ordonna que les nominations qu'il ferait aux évêchés, abbayes et autres bénéfices électifs, seraient confirmées par le métropolitain et que cette confirmation tiendrait lieu des bulles du pape (3).

(1) *Recueil de pièces originales et authentiques concernant la tenue des Etats Généraux d'Orléans, de Blois, de Paris*, t. V, p. 201 et 214.

(2) L'Epinois (de), *La ligue et les Papes*, p. 654.

(3) Longueval, *Histoire de l'Eglise gallicane* (continuation), t. XXIV, p. 46.

Henri IV n'était pas encore reconnu par tous et le duc de Mayenne, pour mettre fin à la situation, convoqua en janvier 1593 les Etats Généraux afin de donner un successeur au roi de la Ligue « Charles X » qui était mort depuis deux ans.

Ces Etats avaient pour mission d'assurer l'unité religieuse, d'élire un roi, de constituer un gouvernement central. En dehors de ces points, il y eut bien quelques doléances, brièvement rédigées, écrites à la hâte, mais on a peine à leur donner le nom de cahiers. Il ne vint à personne des députés la pensée d'en entamer le dépouillement. Nous n'en possédons que les cahiers du tiers de Rouen, Troyes et Reims et le cahier du clergé d'Auxerre (1).

Malgré les graves préoccupations du moment, il fut cependant question aux Etats, dans la chambre du clergé du moins, des élections et de leur rétablissement. Genebrard, archevêque d'Aix, soutint que leur restauration serait un moyen de compenser les chapitres des droits que leur enlevait en ce moment le Concile de Trente et que saint Cyprien appelait les élections des traditions divines. Le cardinal de Pellevé répondit qu'il fallait se borner et s'efforcer d'obtenir d'abord la publication en France des canons du Concile de Trente qui y soulevaient encore de nombreuses difficultés. L'archevêque de Lyon

(1) Picot, *Histoire des Etats Généraux*, t. III, p. 253.

montra les avantages des élections : prélats savants, sympathies entre les électeurs et l'élu, disparition des personnes incapables ou infâmes dont la royauté avait fait des évêques. Il rappela tout ce qui avait été fait dans le siècle en faveur du rétablissement des élections, mais il ne dissimula pas les difficultés qu'elles pouvaient présenter, surtout en ces temps si troublés : corruption et simonie, intervention violente des gouverneurs des villes en faveur de leur candidat, défaut de personnes dignes et capables dans les chapitres et les monastères.

L'évêque de Senlis répliqua aux arguments présentés par le précédent orateur en disant qu'un bon roi saurait réprimer les menées des gouverneurs, que les nominations étaient accompagnées de plus de brigues que les élections et il cita l'exemple de l'évêché d'Auxerre, alors vacant par la mort de Jacques Amyot, pour lequel plus de 24 personnes s'étaient recommandées, enfin il termina en disant qu'en conscience il devait rechercher et désirait les élections (1).

Les remontrances du clergé d'Auxerre pour les États de 1593 contiennent les doléances ordinaires : nominations de gens mariés, même de femmes et d'enfants, mais nous y trouvons ce point particulier, que cette fois on supplie le pape et non plus le roi

(1) *Procès-verbaux des Etats Généraux* de 1593 recueillis par M. Bernard, pp. 397, 398 et 399.

de mettre fin à de pareils abus en remettant les choses dans l'état où elles étaient avant le Concordat de 1516 (1). Sous le règne de Henri IV les protestations continuèrent à se faire entendre mais diminuèrent d'intensité. Il fallait mal connaître le roi pour lui demander de rendre au clergé les élections. Du reste Henri IV était encouragé par le plus grand nombre et il plaisait aux évêques de n'avoir à briguer qu'auprès du roi et du pape et de ne pas dépendre pour leur nomination de ce clergé inférieur dont il faudrait rechercher et mériter le vote, peut-être même l'acheter ou le récompenser. Les politiques n'entendaient plus les doctrines gallicanes comme au temps de François Ier et ne demandaient plus le rétablissement des élections. Le Pape même se contentait de son droit d'institution à condition qu'avant de nommer, les rois pressentiraient ses dispositions, obtiendraient son agrément par l'intermédiaire des nonces, des légats et des ambassadeurs (2).

Quoi qu'il en soit nous verrons encore durant quelque temps des réclamations se produire, mais il sem-

(1) Soit Sa Sainteté suppliée de révoquer tout indult et droit de nommer à tels bénéfices concédés aux rois et par eux usurpés et remettre les élections en la forme comme elles étaient avant les concordats et à la forme et manière prescrite par les Saints Canons (cahier conservé aux archives de l'Yonne reproduit par M. Bernard (*Procès-verbaux des Etats de* 1593, appendice, p. 785).

(2) Perrens, *L'Eglise et l'Etat sous Henri IV et la régence de Marie de Médicis*, t. I, pp. 252 et suiv.

ble qu'elles soient dictées par un sentiment d'habitude, par la fidélité aux précédents plutôt que par un véritable désir de les voir aboutir. Ce ne sont plus ces récriminations véhémentes que nous avons vues au temps de Charles IV et d'Henri III, quand le pouvoir royal, aux prises avec des difficultés considérables, était presque sans force. Le ton est changé ; c'est un ton suppliant plutôt qu'impératif. Une autre cause qui fera disparaître peu à peu aux XVIIe et XVIIIe siècles ces protestations, c'est le choix devenu plus circonspect de la part de la royauté, choix contrôlé par des enquêtes sérieuses de la part de la Cour de Rome, qui refusait obstinément les bulles et l'institution canoniques aux candidats qu'elle ne voulait pas agréer (1). Le calme était revenu après les guerres de religion, l'Eglise de France si longtemps troublée allait se pacifiant tous les jours et l'épiscopat devait ressentir cette amélioration dans son recrutement et sa composition.

A part la session de 1593, et la convocation émanait alors du duc de Mayenne, chef de la Ligue, les

(1) Parmi les refus de bulles les plus célèbres on peut citer le cas d'André Bernard nommé par Henri IV à Auxerre (le siège, resta vacant pendant 12 ans), celui de P. de Marca, nommé par Louis VIII à Consérans (la vacance de ce siège dura de 1642 à 1648), ces deux refus étaient provoqués par certains écrits des candidats royaux, enfin le cas du refus des bulles aux 12 prêtres nommés à des évêchés par Louis XIV et qui avaient fait partie de l'assemblée de 1682. Du Pradt, *Les quatre Concordats*, t. I, p. 223.

Etats Généraux n'eurent, sous le règne de Henri IV, aucune réunion. Nous n'avons donc pas à étudier leur attitude à cette époque en notre matière. Du reste, à supposer une convocation, on eût difficilement retrouvé pour protester en faveur de l'ancien droit électoral, ecclésiastique, un élan, une unanimité semblables à ceux que nous avons rencontrés dans les Assemblées précédentes des trois ordres de la Nation. En fait d'Assemblées civiles de cette époque, nous ne trouvons guère que l'Assemblée des Notables qui se tint à Rouen en 1596 et où l'on fit entendre des vœux en faveur des élections ou, du moins, en faveur de l'application de l'ordonnance de Blois et d'informations sérieuses sur la vie et les mœurs du candidat. Les élections ne sont demandées par les députés réunis à Rouen que par une sorte d'acquit de conscience. Ils font bon marché de ce vœu, probablement dicté, comme toujours, par l'influence du clergé inférieur. « Ce que souhaite en réalité le clergé, c'est le système organisé par l'ordonnance de Blois, dont il réclame hautement l'exécution scrupuleuse (1). »

Le clergé persista cependant dans ses Assemblées particulières à faire entendre ses protestations et à réclamer le rétablissement des élections. Dans l'Assemblée de 1595-96, le cahier des demandes soumises au roi, dans son article 4, sollicite le

(1) Picot, *Histoire des Etats Généraux*, t. III, p. 277.

rétablissement des élections et subsidiairement dans les articles 5 et 6 des enquêtes sérieuses sur les évêques proposés. Le discours de clôture de l'Assemblée rappelle qu'on a réclamé au roi des élections (1).

Le cahier qui fut présenté à Henri IV, à la suite de l'Assemblée de 1598, contient dans son article 2 une nouvelle demande en faveur des élections. L'article 3 demande des enquêtes et des informations sur les candidats que pouvait choisir le roi : l'article 8 réitère la demande des élections pour les abbayes (2).

L'Assemblée de 1600 reproduit dans l'article 2 de son cahier la même demande presque en des termes identiques et comme l'Assemblée de 1598 invoque à l'appui de sa réclamation les saints décrets et les constitutions canoniques (3).

Le roi répondit que, pour plusieurs raisons très importantes, il ne devait abandonner les droits qu'il avait en vertu du Concordat et que le droit de nomi-

(1) *Recueil des mémoires et titres du clergé*, t. II, p. 250. Le cahier porte dans ce volume la date de 1565, il faut lire 1595. — *Collection des procès-verbaux des Assemblées du clergé de France*, t. I, pp. 573 et 625.

(2) *Collection des procès-verbaux des Assemblées du clergé de France*, t. I, pièces justif., p. 161.

(3) Plaise à Votre Majesté de prêter l'oreille aux très humbles et instantes supplications faites et plusieurs fois réitérées aux rois vos prédécesseurs, remettre les élections de l'Eglise pour être ci-après pourvus aux dits archevêchés, évêchés et abbayes, suivant les saints décrets et constitutions canoniques (*Coll. des proc.-verb. des Ass. du clergé de France*, t. I, pièces justif., p. 173).

nation ayant été donné à plusieurs autres princes, il était juste que le roi de France le possédât lui aussi.

En 1605-1606 l'archevêque de Vienne dans sa harangue au roi, réclame de nouveau les élections ; le roi lui répondit: « Vous voyez comment j'y procède, je suis glorieux de voir ceux que j'ai établis bien différents de ceux du passé. Le récit que vous m'en avez fait me redouble encore le courage de faire mieux à l'avenir (1) ».

Malgré cette réponse catégorique, le clergé ne se découragea pas et dans toutes les Assemblées qu'il tint encore sous le règne de Henri IV, nous retrouvons les mêmes doléances accompagnées des mêmes demandes. Il est vrai que les membres des assemblées du clergé devaient avoir très peu d'illusions sur le résultat de ces demandes, adressées à un roi aussi énergique qu'Henri IV. Cependant cette persistance, contre toute espérance de succès, cet article du cahier devenant en quelque sorte une clause de style, montre combien l'Eglise de France était encore demeurée, un siècle après le Concordat, attachée à ses droits qui lui avaient été si brusquement arrachés.

Dans l'Assemblée de 1608 nous retrouvons la demande habituelle (cahier, art. 2). Le ton est plus suppliant et on prie le roi de se décharger des élec-

(1) *Collection des procès-verbaux des Assemblées du clergé de France*, t. I, p. 725.

tions et de les rendre à l'Eglise, afin d'éviter les responsabilités qui pèsent sur la conscience royale au cas de choix de personnes incapables ou indignes. Le roi fit la réponse d'usage : « Les Concordats avaient été faits entre les saints-pères et les rois ses prédécesseurs. Des raisons graves et importantes lui interdisent d'abandonner ses droits (1) ».

En 1610, l'évêque d'Avranches, dans ses remontrances au roi, insiste sur le rétablissement des élections et le prie de purger au moins l'Eglise de la simonie et de la confidence (2). L'article 2 du cahier contient la plainte et la demande accoutumée et en outre renferme une réclamation spéciale en faveur des abbayes, chefs d'ordre qui devaient conserver leurs élections en vertu même du Concordat et qui les avaient également perdues. L'article 3 demande d'observer au cas de nomination les règles établies par les rois précédents, règles qui étaient tombées en désuétude. Le roi en réponse aux demandes présentées se contenta de répéter ce qui avait été dit lors des assemblées antérieures.

Nous arrivons aux Etats Généraux de 1614 qui se tinrent à Paris et où nous retrouverons comme dans les Etats précédents, des revendications en fa-

(1) *Collection des procès-verbaux des Assemblées du clergé de France*, t. I, pièces just., p. 189.

(2) *Collection des procès-verbaux des Assemblées du clergé de France*, t. II, p. 12.

veur des droits abolis en 1516, mais bien différentes de ce qu'elles avaient été jadis.

Les Etats de Blois de 1576 et de 1588 comme les Etats d'Orléans de 1560 avaient revendiqué le droit d'élection canonique et protesté contre les dispositions du Concordat; en 1614 nous ne retrouvons plus dans le clergé les mêmes aspirations. Vingt ans de pacification religieuse et politique avaient rendu aux députés du premier ordre la prudence et la raison que les éclats de la tempête révolutionnaire avaient jadis bannies de leur esprit. On vit le tiers état persister seul à demander l'élection des évêques, mais les termes modérés par lesquels il exprime sa pensée pouvaient aisément démontrer combien les temps étaient changés. Le clergé n'avait garde de réveiller les souvenirs irritants de la Pragmatique. Il avait vu que, malgré la nomination royale, l'Eglise pouvait demeurer grande et respectée sous un prince protecteur de la foi catholique. Aussi se borna-t-il à solliciter la création d'un conseil supérieur du clergé. Il était en effet impossible que le roi fût personnellement informé du mérite du candidat : il fallait trouver un moyen de l'éclairer sur l'exercice de la plus « périlleuse de ses prérogatives ». C'était avec ce dessein que les députés demandaient que 6 prélats et deux membres du Conseil du Roi fussent réunis en une commission qui serait seule chargée de juger la valeur des candidats et de recueillir les informations. L'enquête achevée, un rapport aurait été remis au roi qui aurait signé la nomination (art. 6 du cahier) ; le projet créait une organisation pratique, véritablement capable d'éclairer le choix du prince et de donner aux catholiques des garanties sérieuses (1).

L'article 3 du projet du cahier, rédigé au nom des trois ordres, contenait un vœu en faveur du rétablissement des élections épiscopales, vœu basé sur l'antiquité et l'utilité de cette institution ; d'autres voulaient l'établissement d'un conseil de conscience destiné à éclairer le roi et on décida de faire une supplication en faveur des élections ou au moins pour obtenir le règlement des nominations épiscopales.

Le 12 décembre, l'Assemblée accepta l'article sur la supplication à ce qu'il plaise au roi de se départir de la nomination des bénéfices et de les remettre à l'élection ou du moins régler les dites nominations (2).

(1) Picot, *Histoire des États Généraux*, t. III, p. 454 et 2e édition (1888), t. IV, p. 318.— On sait que la demande de l'article 6 reçut à certaines époques, sous Louis XIII, Louis XIV et Louis XV, une mise à exécution partielle par l'établissement d'un Conseil de conscience. Mais les résultats ne furent pas toujours excellents, attendu que la volonté royale finissait toujours par prévaloir et par écarter au profit de ses favoris les candidats présentés par le Conseil de conscience ; que celui ci, d'autre part, dans ses choix, agissait plus souvent par esprit de courtisanerie plutôt que par un vrai souci des intérêts religieux du royaume.

(2) *Collection des procès-verbaux des Assemblées du clergé de France*, t. II, pp. 139, 140, 141.

Pour mieux rédiger l'article à présenter au roi sur ce sujet et y comprendre toutes les clauses nécessaires, l'Assemblée chargea les cardinaux Du Perron et de la Rochefoucauld et l'archevêque de Lyon de la rédaction (1).

On connaît la fin des Etats Généraux de 1614 qui furent en quelque sorte congédiés par la royauté et qui ne donnèrent aucun résultat au point de vue des réformes qu'ils avaient réclamées. Ils marquent la fin des consultations de la royauté près de la nation et les Etats Généraux ne se réunissent plus avant 1789. Ils marquent également en notre matière la fin des protestations unanimes et véhémentes des trois ordres de la nation qui profitaient de leur réunion pour exprimer à la royauté d'une façon continue combien ils étaient mécontents de voir ainsi diminuer les privilèges de l'Eglise Gallicane. Désormais, et seulement quelques années encore, nous ne retrouverons plus que des plaintes très faibles et très peu explicites du clergé français dans les assemblées particulières. Nous allons les passer rapidement en revue.

Dans l'Assemblée générale du clergé de France de 1625, un avis à adresser aux archevêques et évêques du royaume fut composé par l'évêque de Chartres. Imprimé et examiné par l'Assemblée, cet avis fut supprimé par ordre de celle-ci et une des causes

(1) *Recueil des pièces originales relatives aux Etats Généraux d'Orléans, de Blois et de Paris*, t. VI, p. 191.

principales de la suppression est une allusion à l'infaillibilité pontificale qui paraissait établie dans l'article 137. L'article 22 prescrivait des prières au cas de vacance d'un siège; l'article 23 émettait le vœu de voir le roi se désister de son droit de nomination et rendre les élections aux chapitres et aux monastères et ordonnait des prières en vue d'obtenir ce point. Il ajoutait qu'en attendant Sa Majesté serait suppliée de nommer aux sièges vacants, suivant les constitutions canoniques (1).

Quelque temps plus tard en 1639 se produisit un fait que nous tenons à signaler ici. C'était au moment des difficultés entre Richelieu et la Cour Pontificale. Le cardinal-ministre forma le projet de faire tenir un concile national où l'on devait engager les Eglises cathédrales à remettre au roi le pouvoir qu'elles avaient avant le Concordat d'élire les évêques; on aurait cassé le Concordat comme abusif; ensuite le cardinal se serait fait déclarer patriarche. Un pareil projet formé par tout autre que Richelieu aurait paru chimérique; s'il venait de sa part il devait nécessairement alarmer (2). C'est donc que l'évêque de Luçon considérait l'Eglise de France comme étant en droit toujours en possession de son droit électoral qui se trouvait seulement sus-

(1) *Collection des procès-verbaux des Assemblées du clergé de France*, t. II, pièces justif., pp. 71 et 75.

(2) Longueval, *Histoire de l'Eglise Gallicane*, t. XXIV, p. 96.

trouvons dans les divers ouvrages de Guy Coquille des pages très vives contre le Concordat de 1516. Cet écrivain dans l'un de ses écrits propose la réunion d'un concile national qui rétablirait les élections ; pour éviter les brigues, les électeurs ne seraient qu'au nombre de 9 ; « on a connu, dit-il, en parlant des nominations, combien de maux en sont avenus avec dérèglement et corruption du ministère de l'Eglise (1) ». Dans un traité des libertés de l'Eglise de France, le même auteur réclame l'observation de l'ancien ordre, c'est-à-dire l'élection par le clergé avec le consentement et l'approbation du peuple. Il revient à l'idée qu'il a déjà exprimée de la convocation d'un concile national qui réglerait la forme la plus convenable des élections à rétablir après l'abandon par le roi de son droit de nomination (2). Dans un autre traité du même auteur sur ce sujet, il soutient encore la même idée (3). Enfin dans un dialogue sur les causes des misères de la France, il met en scène un ancien catholique qui signale comme une des causes de ces misères la nomination du roi aux bénéfices ecclésiastiques (4).

A côté de Guy Coquille, parmi ceux qui s'élevè-

(1) Guy Coquille, Œuvres : *Mémoires, pour la Réformation de l'Etat ecclésiastique*, pp. 34 et 35.

(2) Guy Coquille, *Traité des libertés de l'Eglise Gallicane*, pp. 84, 106 et 107.

(3) Guy Coquille, *Traité des libertés de l'Eglise Gallicane*, p. 129.

(4) Guy Coquille, *Dialogue sur les causes des misères de la France*, p. 227.

rent à cette époque, le plus énergiquement en faveur des élections, il faut citer Genebrard, qui fut professeur d'hébreu au Collège de France, qui devint un des membres les plus influents du parti de la Ligue et qui, archevêque d'Aix de 1591 à 1597, fut condamné au bannissement par le Parlement le 26 janvier 1596.

Le prétexte de cette condamnation était le livre qu'il fit paraître à Paris en 1593 puis à Lyon en 1594 intitulé : *De sacrarum electionum jure, etc.*, livre que Nicéron appelle « le meilleur ouvrage contre le Concordat » et dans lequel l'auteur se montre un partisan acharné des anciennes prérogatives de l'Eglise de France. Dans sa préface il nous cite les nombreuses assemblées de l'époque qui ont réclamé le rétablissement des élections ecclésiastiques et il ajoute qu'en 1584 le nonce J.-B. Castelli, évêque de Rimini, les a réclamées à Henri III. Suivant lui, tous les malheurs des Valois découlent des empiétements de François Ier sur les privilèges des clercs et l'assassinat de Henri III était en germe dans l'affaire de la Pragmatique.

La collection Dupuy, à la Bibliothèque Nationale, nous fournit aussi quelques renseignements intéressants sur des résistances particulières de l'époque et sur les discussions qui avaient lieu alors sur notre question. Ainsi nous trouvons une lettre du cardinal de Sens de 1593 aux doyens, chanoines et chapitre de Troyes, leur disant que le Concile de Trente n'a rien changé au mode de nomination des évêques, qu'il est vrai que des démarches sont faites près du pape pour obtenir le rétablissement du droit d'élection, mais que le consentement du roi est nécessaire. Il ajoute « et vous savez, si les rois sont pour quitter aisément telle prérogative (1) ».

Au volume 37 de la même collection, à quelques pages d'intervalle, nous trouvons deux mémoires, le premier contre le rétablissement des élections, le second en faveur de cette institution. Le premier nous indique que la nomination par le roi a pour effet d'empêcher les brigues qui sont amenées par l'élection (2). Le second en faveur des élections nous montre que plusieurs fois déjà elles ont été réclamées et qu'elles auraient pour effet d'écarter de l'épiscopat, les femmes, les enfants, les hommes de guerre ; que ce serait rendre à l'Eglise un droit qui lui appartient en vertu des conciles et des constitutions pontificales et l'auteur du mémoire cite à l'appui de sa thèse les Conciles de Carthage, de Tolède, de Sardique, de Lyon, de Vienne et de Latran ; que les élections ont été admises par les empereurs et par nos rois (Conciles d'Orléans, capitulaires de Charlemagne, confir-

(1) Bibl. Nation. dép. des manus. *Collection Dupuy*, vol. 534, f° 82.

(2) Même collection (Vol. 37, f° 234), 5 feuillets papier écriture du XVIe siècle.

mation par Louis le Hutin, 1315, Jean II, 1351, Charles VI, 1406 et Charles VII, dans la Pragmatique Sanction). Le mémoire termine en disant que ce serait un moyen de décharger la conscience royale des fautes des prélats nommés, tout en étant indignes de l'épiscopat et qu'enfin, en renonçant à son droit de nomination, le roi imiterait l'exemple de l'empereur Valentinien qui laissait aux habitants de Milan le choix de leur évêque (1).

Nous retrouvons dans un volume de la collection Dupuy (2) les idées que nous avons rencontrées plus haut (3) et qui nous montrent bien que l'on considérait toujours à cette époque l'Eglise de France en possession de son droit d'élection qui lui avait été violemment usurpé. L'auteur d'un mémoire sur le pouvoir prétendu du pape de pourvoir aux églises de France s'exprime ainsi : « que si le roi ne trouvait pas à propos de rétablir les élections en conservant le droit de les faire faire et confirmer, qui a de tout temps appartenu à nos rois, j'estime qu'on pourrait se servir d'un autre expédient qui serait que les Prélats de France, assemblés en Concile national, remissent leur droit d'élection entre les mains de Sa Majesté ou de ses successeurs ».

(1) Même collection (Vol. 37, f° 233), 2 feuil. pap. écrit. du XVIe siècle.

(2) Même collection (Vol. 534, f° 39).

(3) Voir page 60.

Richer, le fameux syndic de la Faculté de théologie de Paris, fut aussi un partisan des élections. Il écrivit un livre intitulé *De la puissance ecclésiastique et politique*, dans lequel il disait que « les élections sont de droit divin et naturel ». Sur les conseils du nonce Ubaldini, la reine Marie de Médicis déféra le livre à la Sorbonne pour être censuré, mais le Parlement intervint dans l'affaire et, sur les réquisitions du procureur Servin, défendit à la Faculté d'examiner l'ouvrage. De là des difficultés et une lutte assez longue entre le Parlement et la Faculté. Du Perron fut chargé d'examiner au nom de plusieurs évêques le livre de Richer. Il y trouva trois propositions erronées ; l'une d'elles était que « les élections sont fondées sur le droit divin, donc tous les rois qui nomment aux prélatures ecclésiastiques pèchent contre le droit divin ». Du Perron dans la réunion qui suivit fit prévaloir son avis en montrant aux prélats qui y voyaient leur intérêt engagé, que si les élections étaient de droit divin, comme le prétendait Richer, il n'y avait aucun évêque en France. « L'assemblée conclut donc que le livre était digne de censure, en attendant la permission du pape et celle de la reine pour prononcer la censure même. L'archevêque de Tours et l'évêque de Beauvais refusèrent seuls d'y souscrire (1). »

(1) Perrens, *L'Eglise et l'Etat sous Henri IV et la régence de Marie de Médicis*, p. 125 et suiv.

Les difficultés soulevées par le livre de Richer datent de 1612. De cette époque à la veille de la Révolution de 1789 on voit toute idée de lutte disparaître des esprits ecclésiastiques.

Durant près de deux siècles, le silence se fit complètement sur la question : le pouvoir royal était solidement établi et son autorité était incontestée. D'autre part le Concile de Trente avait amené une réforme relative parmi les membres du clergé et les candidats choisis par la royauté étaient la plupart beaucoup plus dignes de l'épiscopat que leurs devanciers. Le clergé s'était habitué à la longue à la privation d'un droit qui lui était précieux et ne faisait entendre aucune protestation. Les Etats Généraux n'étaient plus convoqués depuis 1614 : le tiers état ne pouvait plus par suite élever ses réclamations énergiques qui renforçaient celles du clergé ou même parfois les provoquaient, quand l'ordre ecclésiastique n'avait pas l'intention d'agir : « Le clergé, le haut clergé surtout, l'épiscopat choisi par le roi ne pouvait que baisser la tête, s'incliner et s'il lui restait au cœur quelques sentiments d'indépendance, ce n'était pas à l'égard du Roi, c'était à l'égard de la papauté seule qu'il allait les manifester (1). »

L'Eglise de France était entièrement dans les

(1) Hanotaux (G.) : *Recueil des Instructions données aux ambassadeurs de France depuis le traité de Westphalie jusqu'à la Révolution* (Rome), p. LXII.

mains du roi et l'Assemblée de 1682 nous la montre souscrivant avec empressement aux volontés du prince, décidée même à pousser les choses à l'extrême pour le satisfaire. Elle avait du reste des querelles intestines l'empêchant de s'occuper des anciennes questions qui l'avaient jadis tant passionnée. Le jansénisme divisait profondément l'épiscopat, le clergé et les ordres religieux et les difficultés qu'il avait fait surgir devaient durer une partie du XVIIIe siècle. C'est donc seulement à la veille de la Révolution, au moment de la composition des cahiers à présenter par les trois ordres aux Etats Généraux qui allaient se réunir, qu'un réveil des esprits en faveur des anciennes règles de discipline ecclésiastique, notamment en faveur de l'ancien droit électoral, se manifeste, surtout parmi les membres du clergé et de ceux du tiers état, agissant sous l'influence des idées jansénistes qui avaient alors pénétré dans l'intelligence de beaucoup de gens d'Eglise, de beaucoup d'avocats et des gens de robe composant dans le tiers la partie dirigeante.

II

La rédaction des cahiers des Etats Généraux de 1789 fut précédée, on le sait, de nombreuses publications affectant la plupart une forme impersonnelle, paraissant sans aucune permission d'imprimerie d'une façon clandestine, renfermant les demandes de réformes les plus violentes et préconisant pour leur succès des moyens qui ne l'étaient guère moins. La plupart de ces pamphlets étaient anonymes et l'on y rencontre certaines idées qui se trouvèrent plus tard, sous la Constituante ou la Convention converties en projets de lois ou même en lois véritables.

Le rétablissement des élections épiscopales, l'abolition du Concordat en général et la restauration de la Pragmatique, que nous allons voir réclamer par un bon nombre de cahiers, devaient faire l'objet d'études préliminaires, dans le genre de celles que nous avons signalées plus haut. Voyons, avant l'étude des cahiers sur ce point, ce qui s'était publié.

Une publication anonyme de 1789 offrant un projet d'instructions et de doléances pour le clergé d'un ressort propose dans son article 18 de demander que les bulles des divers dignitaires ecclésiastiques soient délivrées par les supérieurs immédiats, en faisant donner celles des métropolitains par les primats et les bulles de ceux-ci par les métropolitains. Mais elle ne contient aucun vœu en faveur du rétablissement des élections. C'est plutôt l'établissement d'une Eglise Gallicane autonome, indépendante du Saint-Siège qui est souhaité que l'affranchissement des Eglises des droits que possède sur elles la royauté (1).

(1) Lettre d'un magistrat à MM. les curés de son ressort en

« Serait-ce le moment de rétablir les élections et pour quels bénéfices ? lisons-nous dans un autre écrit de la même époque ; les nominations royales, les brevets, les indults, les appels comme d'abus sont-ils moins onéreux, moins préjudiciables, moins abusifs que les appels à Rome et les expectatives de cette Cour, supprimés par la Pragmatique ne sont-ils pas la cause de la non-résidence des évêques ; n'est-ce pas ce qui attire à la cour et dans la capitale cette foule d'ecclésiastiques (1) ? »

Il nous faut étudier maintenant les vœux des cahiers de 1789 en faveur du rétablissement du droit électoral. Nous nous proposons de commencer cette étude par les cahiers de Paris pour lesquels nous avons un travail séparé et complet, de la continuer ensuite dans les provinces en consignant successivement les observations que nous avons recueillies relativement à notre sujet.

A Paris, ce fut surtout le tiers état, où figurait une importante majorité de jansénistes, qui se montra le partisan le plus fidèle du rétablissement des élections. Le clergé le réclama lui aussi, mais avec beaucoup d'atténuations dans la forme. Les Jansénistes proposèrent quelques articles dont ils deman-

leur envoyant la lettre du roi pour la convocation des Etats Généraux, avec un projet d'instructions et de doléances, p. 18.

(1) *Questions sur la réforme du clergé proposées à la Chambre du clergé de la sénéchaussée de Nîmes* (par Lebon, prêtre du diocèse d'Alais, pp. 4 et 5).

dèrent l'insertion dans le cahier de Paris. Parmi ces articles, l'un d'eux priait le roi de remettre le choix des évêques aux curés, chanoines et bénéficiers d'un diocèse qui auraient à choisir le plus digne d'entre eux et à mérite égal le plus noble. La suppression de la pluralité des bénéfices était aussi demandée. Toutefois on consentait à conserver au roi son droit de confirmation. Ces articles demandaient également la nomination par le peuple et les paroissiens de chaque paroisse de leur curé comme au temps de la primitive Eglise (1).

Le cahier primaire du tiers état du district de St-Eustache dans son article 20 *in fine* réclame l'abolition du Concordat; celui du district de St-Gervais fait la même demande dans son article 18 et ajoute : « la Pragmatique Sanction sera rétablie et exécutée (2) ».

Des cahiers anonymes conservés aux Archives nationales (série BA, cart. 64) et cités par Chassin (3) renferment les demandes les plus violentes parmi lesquelles on relève celles réclamant la suppression des évêques et l'abolition du Concordat.

Enfin le cahier général du tiers état, au chapitre de la Religion, contient dans son article 9 la demande suivante : « Nos pères ayant toujours désiré le

(1) Chassin, *Les élections et les cahiers de Paris*, t. II, p. 84.
(2) Chassin, *opus citat.*, t. II, pp. 444 et 473.
(3) Chassin, *opus citat.*, t. III, pp. 165 et 186.

maintien ou le rétablissement des élections aux prélatures comme le plus sûr moyen d'avoir des ministres savants et vertueux, il sera pris des mesures pour faire revivre cette discipline primitive de l'Eglise (1). » C'était là le cahier du tiers de la ville de Paris elle-même « *intra muros* » pour parler le langage de l'époque. Celui de la banlieue contenait la demande de l'abolition du Concordat et du rétablissement des élections avec cette différence qu'en ce cahier le tiers commençait à empiéter sur un terrain qui lui était étranger, en exigeant pour être promu qu'on ait exercé les fonctions curiales au moins pendant quatre années (2).

Le cahier du clergé de l'intérieur de Paris renferme dans son article 2 un vœu en faveur d'une modification dans la manière dont s'opère la collation des bénéfices, mais ce ne sont pas les élections qui sont réclamées comme dans les cahiers du tiers, c'est seulement « le rétablissement du Conseil de conscience qui a eu lieu sous les prédécesseurs de Sa Majesté, pour la disposition de tous les bénéfices qui sont à sa présentation ou collation (3) ».

Nous aurons du reste à faire remarquer plusieurs fois encore cette différence de rédaction sur ce point des cahiers du tiers état et de ceux du clergé ; le

(1) Chassin, *Les élections et les cahiers de Paris*, t. III, p. 351.
(2) Chassin, *opus citat.*, t. IV, p. 443.
(3) Chassin, *opus citat.*, t. IV, p. 397.

premier voulait une réforme complète et énergique ; le second, qui en même temps que des curés comptait des dignitaires ecclésiastiques ne pouvait arriver qu'à émettre des vœux plus modérés. Dans la plupart des cahiers, nous verrons soit la demande du rétablissement des élections, soit celle d'un conseil de conscience pour éclairer le choix du roi et le renseigner sur les mérites du candidat. Beaucoup de cahiers réclameront l'abolition du Concordat, et ainsi implicitement la suppression du droit de nomination royale aux prélatures, voulant arriver par l'abolition du Concordat à la suppression des annates, et autres taxes que le clergé de France devait payer à la cour de Rome et qui ne manquaient pas d'exciter toujours dans le royaume les plus vifs mécontentements.

Avant d'examiner les protestations émises dans les cahiers des Etats Généraux qui se trouvent contenues, pour la plupart, dans la publication des Archives Parlementaires, il nous faut examiner d'abord quelques cahiers qui ont fait l'objet de publications spéciales et qui contiennent des renseignements sur notre sujet.

Dans un cahier supposé du clergé du bailliage de Senlis (1) qui parut le 12 avril 1789, nous trouvons une partie des idées qui animaient le clergé infé–

(1) *Cahier du clergé du bailliage de Senlis*, 12 avril 1789, suppos.

rieur de l'époque. Nous y rencontrons d'abord la presque complète disposition des bénéfices ecclésiastiques réservée aux Etats Généraux qui allaient se réunir ; une petite partie seule était donnée au roi (1). Plus loin, et dans le même cahier, nous retrouvons les idées en faveur du principe électif qui prennent une extension de plus en plus considérable, puisque nous y voyons réclamer ce droit pour l'élection des chanoines des cathédrales par les curés et même y fixer les conditions d'éligibilité : « Vingt années d'exercice dans le ministère paroissial (2) ». Nous y voyons ces principes se manifester en faveur des élections des curés par leurs paroissiens, en limitant le choix parmi les vicaires en fonctions. De plus, l'article décide que les évêques seront tenus d'agréer les candidats ainsi choisis et rend seuls juges des contestations qui pourraient s'élever à ce sujet, les commissions intermédiaires qui existaient à cette époque dans les provinces (3).

Le cahier du clergé de la sénéchaussée de Castres, qui a fait l'objet d'une publication spéciale (4), est beaucoup plus modéré. Il se contente de réclamer,

(1) « Le roi aura seul le droit de nommer à ceux des emplois... ecclésiastiques dont Messieurs lès Etats Généraux ne se seront pas réservé expressément la disposition. » *Cahier du bailliage de Senlis*, p. 26.

(2) *Opus citat.*, 12 avril, p. 77.

(3) *Op. cit.*, p. 81.

(4) Les cahiers de 1789 dans la sénéchaussée de Castres en Languedoc, publiés par le marquis de la Jonquière.

comme on l'avait fait jadis, la création d'un conseil de conscience chargé de proposer au roi les sujets les plus dignes « ne préférant la naissance qu'autant qu'elle serait jointe au mérite » (1).

Comme on le voit par ces exemples qui servent de préliminaires à l'étude générale des cahiers, les esprits se trouvaient en France partagés sur cette question en deux camps bien différents ; d'une part, les ennemis irréconciliables du Concordat qui poussaient les conséquences à l'extrême, sous l'influence des théories jansénistes, alors très en faveur dans une certaine partie du clergé et dans la magistrature ; d'autre part, les partisans modérés d'une réforme, se contentant facilement de certaines garanties accordées par la royauté en la matière. Les opinions des premiers se trouvent le plus souvent exprimées en termes violents et exagérés dans des ouvrages qui sont plutôt des pamphlets et aussi dans de nombreux cahiers du tiers état. Celles des seconds se rencontrent surtout dans les cahiers du clergé, là où le clergé supérieur était parvenu à conserver son influence et voulait par cette réclamation se concilier l'approbation et les bonnes grâces des inférieurs. Certains cahiers du clergé renferment néanmoins des récriminations violentes et des demandes formelles en faveur de la Pragmatique :

(1) *Op. cit.*, p. 85.

les idées jansénistes dominent dans ces rédactions que le clergé supérieur des bailliages ne sut ni prévoir, ni empêcher. Quant aux cahiers de la noblesse, ils contiennent, mais en petit nombre, quelques protestations et quelques vœux sur notre sujet. La noblesse, nous l'avons déjà montré dans l'étude des Etats Généraux précédents, semblait en quelque sorte indifférente à la question sinon hostile, car le droit de nomination royale aux bénéfices ecclésiastiques s'exerçait surtout à son avantage.

Quoi qu'il en soit, nous devons constater que le nombre des cahiers réclamant soit la réglementation du droit du roi par l'établissement d'un conseil de conscience, soit l'abolition du Concordat et le retour à la Pragmatique n'est pas aussi considérable que le ferait supposer la vigueur des protestations que nous trouvons alors et surtout la suite qui fut donnée à ces demandes. De nombreux cahiers émanés de bailliages ou de sénéchaussées considérables sont absolument muets alors que nous trouvons parfois sous une forme très vive dans des bailliages reculés et presque inconnus des réclamations violentes.

En suivant l'ordre alphabétique nous trouvons en faveur du rétablissement de la Pragmatique les instructions de la noblesse et de la sénéchaussée d'Aix en Provence pour la rédaction du cahier des doléances (1), le cahier du tiers état de la sénéchaussée

(1) *Archives parlementaires*, t. I, p. 694.

d'Angoumois (1), de l'Armagnac et de l'Isle Jourdain (2). Dans le bailliage de Bar-le-Duc nous trouvons les vœux du même genre exprimés par les assemblées primaires de Bassigny (tiers état) et par les trois ordres de Villiers-la-Montagne (3). Le cahier du clergé du bailliage de Beauvais demande les élections en les soumettant cependant, pour qu'elles soient valides, à la confirmation royale. Le tiers état du même bailliage fait aussi une demande en faveur de la Pragmatique, mais en insistant surtout sur les sommes d'argent qui sont payées à la Cour de Rome par l'Eglise de France (4). Le cahier du tiers état de Saint-Sauveur le Vicomte, au bailliage de Coutances, contient une réclamation énergique contre le droit alors existant. Il se plaint des choix faits exclusivement parmi les nobles et dus à l'intrigue et il demande que les archevêques et évêques soient choisis parmi le clergé des diocèses (5). Le bailliage de Châteauroux demande que les Etats Généraux s'occupent de l'examen du Concordat qui n'a jamais été regardé comme loi consentie et qui n'a jamais été enregistré librement (6).

La noblesse de Chartres réclame l'abolition du

(1) *Archives parlementaires*, t. II, p. 9.
(2) *Opus citat.*, t. II, p. 76.
(3) *Opus citat.*, t. II, pp. 198 et 245.
(4) *Opus citat.*, t. II, pp. 287 et 299.
(5) *Opus citat.*, t.III, p. 67.
(6) *Opus citat.*, t.II, p. 327.

Concordat (1). Le tiers état du bailliage de Dijon et celui de cette ville font en termes identiques une demande en faveur du rétablissement de la Pragmatique et ils ajoutent une demande subsidiaire au cas du maintien du Concordat, en faveur du conseil de conscience (2). Le tiers état de Draguignan fait une demande semblable (3). Le clergé d'Etampes tout en demandant l'exécution du Concordat, fait à notre sujet une réserve : il réclame la présentation au roi de trois candidats entre lesquels celui-ci devrait choisir (4).

C'est un retour à l'article 1er de l'ordonnance d'Orléans. Nous trouvons la même idée de l'élection de candidats présentés au Souverain dans les demandes du tiers état de Forcalquier (5), tandis que le clergé et le tiers état de la ville de Digne qui faisait partie de la sénéchaussée de Forcalquier réclament l'abolition du Concordat qu'ils déclarent « aussi irrégulier qu'immoral, contraire à l'honneur de la religion et au bien du royaume » (6).

Nous trouvons encore dans le même sens les demandes des habitants de Sey près de Metz (art. 22), du tiers état de Rivière-Verdun (art. 83), du tiers

(1) *Archives parlementaires*, t. II, p. 628.
(2) *Opus citat.*, t. III, pp. 137 et 143.
(3) *Opus citat.*, t. III, p. 266.
(4) *Opus citat.*, t. III, p. 282.
(5) *Opus citat.*, t. III, p. 332.
(6) *Opus citat.*, t. III, pp. 337 et 350.

état de Saint-Quentin qui demande surtout le rétablissement de la Pragmatique pour en voir appliquer les règles aux annates et aux dispenses, du clergé de Château-Salins (art. 30) et du clergé de Saumur (art. 17) qui s'exprime en termes formels en faveur du rétablissement des élections (1).

Les cahiers du tiers état de Gien et de Loudun (art. 22) se contentent de réclamer pour l'intérêt de la religion le rétablissement de la Pragmatique (2). Le tiers état de Rochefort développe la même demande en proposant de donner au roi les sommes perçues pour les annates et en réclamant l'élection « qui assurerait au peuple des ecclésiastiques d'un mérite reconnu surtout si les curés concouraient à l'élection des premiers pasteurs en égalité de voix avec les chapitres » (3).

La noblesse de Lille réclame la Pragmatique (art. 42) « dont l'abolition a constamment excité les réclamations du clergé de France, de la nation entière et des Parlements » et la noblesse de Lyon demande « l'abolition du Concordat et en conséquence que les élections aux bénéfices soient rétablies » (4).

Le cahier du clergé de Toul (art. 6) exprime longuement le vœu de voir le Concordat de 1516 aboli.

(1) *Archives parlementaires*, t. III, p. 703 ; t. V, pp. 588, 654, 708, 720.
(2) *Opus citat.*, t. III, pp. 407 et 597.
(3) *Opus citat.*, t. III, p. 488.
(4) *Opus citat.*, t. III, p. 550 et 607.

« Si l'élection est rendue, l'Eglise changera de face. La voix publique (1) appelle aux destinations toujours bien plus sûrement que les intrigues de cour.» Nous rencontrons les mêmes sentiments dans le cahier de la noblesse de Touraine (art. 12, n° 2) qui vise surtout les annates et les bulles, dans ceux du tiers état de Vannes (art. 15) et du clergé de Villers-Coterets (2).

A la fin du tome VI des *Archives parlementaires*, nous trouvons un certain nombre de cahiers de communautés peu importantes de la sénéchaussée d'Aix en Provence. Comme les cahiers de cette ville que nous avons déjà signalés, ils contiennent tous des vœux en faveur du rétablissement de la Pragmatique et des élections canoniques. Plusieurs de ces cahiers préconisent la présentation au roi de trois candidats, système qui semblait en ce temps retrouver quelque faveur. Le cahier de Rians (sénéchaussée d'Aix) offre cette particularité ; il demande « qu'à la mort d'un évêque, les Etats provinciaux (et non plus le clergé de la province) choisissent, sans distinction de personnes, trois sujets pour être proposés à Sa Majesté qui donnera à l'un d'eux des provisions ». Le mouvement de réforme semble avoir été particulièrement violent en Provence où nous retrouvons, dans toutes les assemblées, quelle que

(1) *Archives parlementaires*, t. VI, p. 2.
(2) *Opus citat.*, t. VI, pp. 44, 107, 188.

soit leur importance, ces protestations énergiques contre l'état de choses alors existant (1).

Un certain nombre de cahiers refusèrent d'entrer si avant dans la voie des réformes en réclamant l'élection libre ou même la limitation du droit royal à un certain nombre de candidats, présentés par les assemblées électorales. Reconnaissant néanmoins la nécessité de changements sur ce point pour remédier à des abus, ils se contentèrent de demander l'institution ou plutôt le rétablissement de ce conseil de conscience que nous avons vu fonctionner déjà plusieurs fois près de la royauté. Chargé d'éclairer celle ci sur les candidats à l'épiscopat, de diriger ses choix, ce conseil, composé d'une manière indépendante, aurait pu rendre de très grands services. Ce furent surtout les cahiers du clergé qui le réclamèrent en 1789 : on le trouve aussi dans des cahiers de la noblesse, mais on ne le rencontre dans aucun cahier du tiers. Alors que celui-ci demande avec énergie le rétablissement des élections, on voit très souvent dans le même bailliage le clergé et parfois la noblesse se contenter du conseil de conscience.

Le conseil de conscience est sollicité par le clergé d'Amiens, d'Auxerre, de Belfort et d'Huningue, par

(1) Ces cahiers sont ceux des Assemblées d'Alleu (art. 13), Cucuron (art. 2 au chapitre de l'Eglise), Lauris (art. 2), Pertuis, Rians, Riboux, dépendant de la sénéchaussée d'Aix. Ils se trouvent insérés dans la publication des *Archives parlementaires*, t. VI, pp. 242, 284, 318, 372, 396, 399.

le clergé du Boulonnais, de Castres, de Clermont-Ferrand, de Dôle, de Lille, de Mantes, de Metz, de Riom et de Saintes (1), par la noblesse de Reims (2) et par les cahiers communs de Bourg en Bresse (art. 14) (3).

Quelle serait en présence de ces manifestations, l'attitude de l'Assemblée qui, réunie en mai 1789, était devenue après les circonstances que l'on sait, l'Assemblée Constituante. Voulant porter ses réformes même en cette matière, elle créa parmi ses comités, un comité des affaires ecclésiastiques, composé en grande partie de jansénistes. Son chef était Camus, dont on connaît les opinions sur notre sujet. Ce comité était chargé de proposer une nouvelle organisation du clergé de France. De plus le mode le plus usité pour recruter des fonctionnaires était alors l'élection. Il n'était pas fait pour déplaire aux membres de la Constituante qui avaient autrefois appartenu aux parlements ni à ceux qui sortaient des rangs de ce que l'on appelait *le bas clergé*, plus ou moins janséniste dans l'âme et aussi plus ou moins aigri d'avoir vu distribuer si capricieusement les sièges et les bénéfices. Gens du Parlement et du bas clergé n'avaient depuis 1516 cessé ni les uns ni les

(1) *Archives parlementaires*, t. II, pp.109, 310, 412, 562, 759 ; t. III, pp. 153, 525, 655, 761 ; t. V, pp. 561 et 659.

(2) *Opus citat.*, t. V, p. 529.

(3) *Opus citat.*, t. II, p. 462.

autres de protester contre le Concordat de François Ier et en première ligne contre cette disposition fondamentale du Concordat que les évêchés seraient donnés non plus à l'élection des fidèles mais à la nomination du roi (1).

Tous les abords de la place étaient conquis et l'Assemblée Constituante sur le rapport de son comité des affaires ecclésiastiques qu'elle avait établi dès les premiers jours et qui était entièrement placé sous l'influence de Camus, de Treilhard et de quelques autres députés non moins jansénistes, décida qu'elle allait s'occuper de décréter la constitution civile du clergé. Les idées jansénistes allaient s'y retrouver, reproduites dans leur intégralité. Malgré les efforts de plusieurs membres du clergé, de l'archevêque d'Aix et de l'évêque de Clermont notamment, la constitution civile du clergé fut votée le 12 juillet 1790 et sanctionnée par le roi Louis XVI le 26 décembre suivant.

Relativement au sujet que nous étudions, la constitution civile rétablissait l'élection à tous les degrés de la hiérarchie ecclésiastique. C'était l'idée que nous avons vu exposée dans plusieurs cahiers ; les évêques, les curés étaient élus au scrutin secret à la pluralité des suffrages par des assemblées électorales où pouvaient prendre place tous les citoyens du dépar-

(1) Benoist (Charles), *L'Etat et l'Eglise*, p. 36.

tement (puisqu'alors les sièges épiscopaux se trouvaient établis dans chaque nouveau département) quelles que fussent leurs convictions religieuses, même s'ils n'étaient pas catholiques. Les chapitres des églises cathédrales avaient été supprimés par la Constitution civile ; les chanoines étaient donc devenus sans influence dans l'élection de l'évêque. Il en était de même du Souverain Pontife auquel on enlevait même le droit de confirmation pour le donner au métropolitain et s'il s'agissait de la nomination de celui-ci, à l'évêque le plus ancien de la province.

C'était là un système bien différent de ceux qu'on avait réclamés jusque-là. La sécularisation était complète, l'on en était arrivé à considérer l'évêque comme un fonctionnaire ordinaire, soumis comme tous les autres aux formalités de l'élection, alors vivement appréciée par les nouveaux législateurs. Aussi est-ce uniquement pour indiquer le réveil du mouvement en faveur du rétablissement des élections épiscopales au moment de la révolution de 1789 et les conséquences extrêmes auxquelles ce réveil a abouti que nous avons parlé ici de la Constitution du clergé. On sait quels en furent les résultats et son peu de durée. Une des causes principales de son insuccès était certainement, que statuant en des matières mixtes, où un accord du pouvoir spirituel et du pouvoir temporel était d'une nécessité absolue, elle ne tenait aucun compte de l'ancienne organisation de l'Eglise de France qui ne pouvait être modifiée que par une entente avec l'autorité ecclésiastique et non par une simple loi civile. Aussi cette Constitution ne tarda pas à être condamnée par le pape Pie VI, la majorité du clergé refusa de s'y soumettre et quitta le pays.

Nous terminons ainsi l'étude à travers trois siècles des revendications souvent réitérées mais toujours infructueuses, d'un droit que le clergé de France considérait à bien des titres comme l'une de ses plus précieuses prérogatives. Nous avons vu le peu de succès des démarches, des prières et des vœux. Il nous faut examiner maintenant si les partisans de résistances plus énergiques ont été plus heureux, si quelques chapitres récalcitrants sont parvenus à faire admettre comme évêque le candidat de leur choix de préférence à l'élu du roi ; si enfin les chapitres des églises annexées à la France dans ces derniers siècles n'ont pas lutté pour conserver les prérogatives qu'ils avaient possédées en notre matière.

CHAPITRE III

RÉSISTANCES DES CHAPITRES AUX DISPOSITIONS DU CONCORDAT DE 1516.

Pendant que les luttes et les récriminations que nous avons étudiées dans le chapitre précédent se produisaient contre le Concordat de 1516, des luttes non moins énergiques, mais d'un caractère différent, avaient lieu sur un autre terrain. Les chapitres des Eglises épiscopales, violemment dépossédés du droit que leur avait reconnu la Pragmatique Sanction de procéder à l'élection de leurs évêques, ne manquèrent pas de joindre l'acte à la protestation et de nommer, malgré le roi et contre lui, leurs premiers pasteurs. Toutefois, il faut bien le reconnaître, cette phase de la lutte fut moins durable que la précédente, car il ne s'agissait plus ici de protestations vagues et sans résultats, mais d'actes pouvant amener des conflits violents avec l'autorité civile et même de sévères répressions. De plus, pour arriver à quelque solution, il fallait obtenir le consentement de la Cour Romaine qui, se considérant comme liée par le Concordat vis-à-vis du roi de France, ne manquait pas de donner les bulles de provision au candidat du roi et non pas à l'élu du chapitre. La lutte par ce moyen devenait inégale et celui que le chapitre avait nommé capitulait bientôt devant son heureux adversaire. De plus, la connaissance des procès relatifs à cette question avait, dès le début, été enlevée au Parlement que l'on considérait comme trop disposé à favoriser les desseins des chapitres. Le roi l'avait confiée à une juridiction qui lui était complètement dévouée, le Grand Conseil, et il était sûr que toutes les affaires y seraient traitées selon son bon vouloir. Aussi les résistances des Eglises de France s'affaiblirent-elles très vite pour disparaître en peu de temps et c'est à l'état d'exceptions que nous en retrouvons quelques traces à partir du moment que nous avons choisi comme point de départ de cette étude. Beaucoup plus importantes furent les négociations entreprises par la royauté pour arriver à amener les chapitres des évêchés annexés à céder leurs droits à la Couronne française. Celle-ci sollicitait, après cette cession, un indult du Saint-Siège, lui conférant tous les droits des chapitres en cette matière.

Ces deux phases des luttes contre les volontés royales étant complètement différentes, nous avons l'intention de les examiner en deux paragraphes distincts.

I

Pour passer en revue les résistances partielles que nous trouvons parmi le clergé de France, nous nous proposons de suivre l'ordre suivi par les auteurs de la *Gallia Christiana*. Nous ferons seulement deux remarques préliminaires : certains chapitres avaient en vertu du Concordat conservé la permission de procéder à l'élection de leurs évêques, la *licentia eligendi*, mais ils étaient très rares et devaient bien vite perdre ce privilège. En second lieu la terminologie des auteurs de la *Gallia* ne nous semble pas toujours bien rigoureuse. Nous trouvons en effet certains cas où le terme *electus* est employé comme synonyme de *nommé* et non d'élu par le chapitre. Le contexte ne peut laisser aucun doute à cet égard. nous n'insisterons que sur les cas où l'élu du chapitre s'est trouvé en présence d'un candidat royal ou sur ceux dans lesquels la suite du texte nous démontre clairement qu'il y a eu véritable élection du chapitre et non pas nomination royale.

A Albi, malgré la volonté du roi qui écrivit au chapitre pour lui défendre de procéder à l'élection avant que le privilège d'agir ainsi ne lui eût été montré, les chanoines nommèrent le même jour de l'émission des lettres royales Aymar Gouffier, parent de l'évêque défunt Adrien Gouffier. Ici le roi ratifia l'élection capitulaire et l'élu du chapitre prit possession par procureur le 19 juin 1524. Quelques années plus tard, au même siège, Antoine Duprat fut présenté au suffrage du chapitre le 19 octobre 1528 et avec le consentement ou plutôt l'ordre exprès du roi, il fut fait évêque d'Albi (1). C'était là un moyen pour le roi de tourner les difficultés vis-à-vis de quelques chapitres qui avaient conservé leur droit d'élection : il faisait nommer par les chanoines électeurs son propre candidat.

Au siège de Mende, vers la même époque en 1524 se présenta une difficulté identique : Claude Duprat, frère d'Antoine et chancelier de France, fut à cette date pourvu de ce siège. Il dut lutter contre Bertrand de Cénaret, personnage de noble origine et prévôt de l'Eglise de Mende. Le chapitre avait élu ce dernier au mois de juin. Un procès s'engagea au Parlement entre l'élu et le procureur royal. Enfin la querelle se termina en 1529 et Claude Duprat parvint alors seulement à posséder paisiblement son évêché (2).

A l'évêché de Vabres, nous trouvons à la date du 8 avril 1519, la mention comme évêque, de Renaud de Martigny auquel on donne le titre d'*electus* (3).

(1) *Gallia Christiana*, t. I, col. 37 et 38.
(2) *Opus citat.*, t. I, col. 105.
(3) *Opus citat.*, t. I, col. 281.

Nous rencontrons la même qualification d'élu au siège de Riez à la date du 3 août 1527 alors qu'il s'agit de François de Dinteville, doyen d'Auxerre et plus tard en 1574 pour Nicolas de St-Sulpice (1).

Des luttes entre le roi de France et le chapitre se présentèrent aussi à Sisteron, en 1519, par suite de l'application du nouveau Concordat. Michel de Savoye fut, sur la recommandation de François Ier, nommé à ce siège par le Pape Léon X. En 1522, le 30 décembre, à la mort de Michel, les chanoines, malgré la nomination précédente du roi, s'occupèrent de l'élection de son successeur. Ils appelèrent les chanoines de Forcalquier et avec leur concours ils choisirent Claude de Haussonville qui reçut ses bulles du pape Clément VII. Le fait est assez digne de remarque et prouve bien le peu de force qu'avait alors le Concordat, puisque ni le roi ne songea à protester contre cette élection faite au mépris de ses nouveaux droits dont il avait déjà fait usage dans cet évêché, ni le pape ne voulut refuser les bulles à l'élu du chapitre. Quelques années plus tard, en 1531, à la mort de l'évêque ainsi nommé, le chapitre voulut continuer la tradition et procéder à l'élection épiscopale. Il choisit à l'unanimité Cherubinus de Orseria qui était l'un des aumôniers de la reine, mais cette fois le roi refusa d'admettre cette élection

(1) *Gallia Christiania*, I, col. 408 et 410.

et usant de son droit, il présenta comme évêque Antoine de Narbonne (1).

On trouve aussi les traces d'une élection en 1529 à Lectoure en faveur de Georges d'Armagnac. Quelques chanoines prétendaient le siège vacant par suite de la démission de l'évêque alors en fonctions, mais un grand nombre réclamèrent contre cette élection (2).

A Comminges, Jean de Mauléon fut élu en 1519, mais il ne put prendre aussitôt possession de son siège. En effet, François Ier avait, en vertu du Concordat, nommé Louis Douville. Mais celui-ci céda son droit après avoir retenu les revenus d'une année et le 15 juin 1523, le pape Alexandre VI envoya les bulles d'institution au candidat du chapitre (3).

Nous trouvons à Bourges quelques élections épiscopales après le Concordat et nous y voyons même l'intervention royale s'y manifester sans succès. Ainsi le 11 janvier 1520 (nouveau style) le chapitre élit comme archevêque François du Bueil. Mais le roi en vertu du Concordat, nomma à ce siège Guillaume Parvi dominicain qui était son confesseur. Néanmoins le pape Léon X par une bulle donnée à Rome le 1er juillet 1521 confirma l'élection du chapitre en faveur de François du Bueil, et muni de

(1) *Gallia Christiana*, t. I, col. 502 et 503.
(2) *Opus citat.* t. I, col. 1085-86.
(3) *Opus citat.* t. I, col. 1106.

cette bulle, celui-ci fut consacré et prit possession. D'autre part, Guillaume Parvi, le candidat royal fut pourvu, à titre de compensation, de l'évêché de Troyes.

A la mort de François du Bueil, le chapitre se réunit en vue de l'élection de son successeur, le 13 juin 1525. Mais il était profondément divisé. Une partie du chapitre porta ses voix sur Jacques du Bueil, une autre préféra Tournon, et lui donna ses suffrages. La cause fut portée à Rome et le pape Clément VII se déclara en faveur de Tournon, surtout parce qu'il était irrité que Jacques du Bueil en avait appelé au futur concile général. Nous voyons donc ici une élection qui se passe complètement, même quelques années après le Concordat, en dehors de toute intervention royale et dans laquelle le roi s'abstient même de proposer un candidat (1).

Nous rencontrons à Bordeaux la même situation. Peu de temps après la mort de Jean de Foix arrivée en 1529, les chanoines au nombre de 24 se réunirent pour élire un évêque. Neuf se déclarèrent pour Bertrand de Goulard de Brassac, chanoine et sacriste de St-André et chef du bureau de l'Inquisition. Mais la majorité favorisa Gabriel de Grammont. Celui-ci, le 14 juillet 1529, fut élu suivant l'ancien mode électoral qui fonctionna alors à Bordeaux pour

(1) *Gallia Chistiana*, t. II, col. 95, 96, 97.

la dernière fois. Nous pourrions douter de cette élection qui eut lieu après le Concordat conclu entre Léon X et François Ier, auquel elle est contraire si Jérôme Lopez n'en avait lu la relation dans les registres capitulaires. Quoi qu'il en soit, François Ier n'y intervint en aucune manière et ne proposa pas de candidat. Cependant cette élection fut annulée pour une raison quelconque par le souverain pontife et peu après Charles, frère de Gabriel de Grammont devint archevêque de Bordeaux (1).

Dans quelques évêchés, dépendant de la Métropole de Bordeaux, eurent lieu des élections épiscopales, malgré la volonté royale après le Concordat. Ainsi en 1520 à Condom, nous trouvons l'élection d'Erard de Grossoles. Le roi n'accepta pas cette élection et nomma à ce siège François du Moulin, dit de Rochefort, grand aumônier et ancien précepteur du roi. De là des luttes et des procès qui prirent fin par un accord fait en 1523 conservant l'évêché à Erard de Grossoles, l'élu du chapitre (2). De même à Luçon nous voyons en 1526 l'élection épiscopale du cardinal Jean de Lorraine qui reçut ses bulles pontificales, mais ne prit jamais possession et se démit en faveur de Louis de Bourbon (3).

(1) *Gallia Christiana*, t. II, col. 847.

(2) *Opus citat.*, t. II, col. 968. On trouve dans ce passage que l'élection fut faite « *a monachis* ». Il est probable que le chapitre de Condom était à cette époque un chapitre régulier.

(3) *Opus citat.*, t. II, col. 1412.

A Sarlat, évêché également suffragant de Bordeaux, nous trouvons à la même époque de vives résistances contre le nouveau régime concordataire et une lutte énergique contre les prétentions royales. Guy d'Aydié, évêque de cette ville, fut élu par le chapitre malgré la volonté du roi et nommé à Rome le 6 février 1527. Son élection et sa nomination furent approuvées à Bordeaux par le vicaire général de l'archevêque Jean de Foix le 3 avril 1528. Le roi, malgré la défense et les menaces duquel on avait fait l'élection, nomma un autre évêque, mais le candidat royal se retira et Guy d'Aydié obtint la libre possession de son siège épiscopal. Il mourut peu de temps après, le 1er avril 1529.

A sa mort le trouble fut très grand à Sarlat. Les moines fixent l'élection de son successeur au 7 avril. Les magistrats, pour empêcher le tumulte des nobles qui convoitent ce siège, font fermer les portes de la ville à l'exception d'une seule, gardée par des hommes armés. Bien plus, peu avant l'élection, à la réception d'une lettre du roi leur ordonnant d'inviter les moines à voter pour Jean de Rillac, ils envahissent avec des hommes armés le cloître et l'évêché, empêchent l'élection, s'emparent au nom du roi des revenus et des biens épiscopaux et mettent en prison deux docteurs de Cahors, appelés par les moines. Les électeurs indignés élisent unanimement François Bourgueil, mais le roi nomme Jean de Rillac, qui, sur sa nomination, est préconisé à Rome. François, l'élu malheureux du chapitre, est forcé de céder. Peu après, en 1529 meurt Jean de Rillac, qui siégea 7 ou 8 mois.

A sa mort, le chapitre ne se tint pas pour battu, et il procéda à l'élection de son successeur. Jacques de Larmandie fut élu aussitôt, confirmé par les vicaires généraux de Bordeaux, ce siège étant alors vacant, et préconisé à Rome. Le roi recommença la lutte et nomma Richard le Rouillé qui mourut avant la réception de ses bulles, puis le marquis d'Iverny. Cependant comme Jacques de Larmandie avait déjà pris possession de son évêché, le marquis d'Iverny lui en laissa la libre possession (1). Ce fut du reste dans cette ville, le dernier cas d'élection par le chapitre ; à partir de ce moment, le roi nomma sans difficulté et toutes les résistances furent désormais vaincues.

Il arrivait parfois que certains chapitres essayaient de conserver leurs droits à l'élection en usant du moyen suivant. Ils procédaient à l'élection, mais ils nommaient le candidat du roi, espérant qu'en des temps meilleurs, ils pourraient revendiquer et reprendre un droit qu'ils prétendraient n'avoir jamais complètement abandonné. C'est ainsi qu'à Chalon-sur-Saône, en 1531, Antoine de Vienne fut nommé

(1) *Gallia Christiana*, t. II, col. 1523-1524.

par le roi évêque de la ville. Les chanoines avaient été assemblés en vue de l'élection, mais comme ils y mettaient trop de lenteurs, ils reçurent les lettres du roi leur défendant de continuer et leur ordonnant de recevoir son élu. Pour conserver leurs droits, ils portèrent sur le candidat du roi leurs suffrages (1).

Nous trouvons dans de nombreuses églises cathédrales des cas d'élections d'évêques, malgré le Concordat et contre la volonté royale. Ainsi à Mâcon, le premier évêque nommé par le prince fut Louis Chantereau qui le fut seulement en 1529. Et encore la victoire du Concordat n'y fut-elle pas définitive, car le 20 novembre 1531 Charles Hemard Denonville fut élu par les chanoines de Mâcon et confirmé par le vicaire général de Lyon. Le Concordat n'était pas encore partout en vigueur et les élections, nonobstant ses défenses, étaient encore célébrées dans beaucoup de cathédrales et d'abbayes (2).

A Séez les élections épiscopales ne prirent fin que plus tard encore, avec la nomination de Nicolas Dangu qui obtint ce siège le 9 juin 1540 (3). A Coutances en 1520, malgré la défense faite au chapitre, de procéder jusqu'à ce qu'il eut prouvé son droit, deux chanoines nommèrent Louis d'Estouteville, pro-

(1) *Gallia Christiana*, t. IV, col. 936.
(2) *Opus citat.*, t. II, col. 1094.
(3) *Opus citat.*, t. XI, col. 702.

tonotaire apostolique et abbé de Savigny. Celui-ci tâcha d'obtenir l'évêché, mais il ne put y parvenir (1).

On connaît les difficultés qui se présentèrent en 1525 pour la nomination au siège archiépiscopal de Sens. Antoine Duprat avait été nommé par le roi à cet archevêché que la mort d'Etienne Pouchet rendait vacant. Par un dernier essai des prérogatives que leur enlevait le Concordat, les chanoines entreprirent d'élire eux-mêmes son successeur. Vingt d'entre eux se prononcèrent en faveur de Salazard, grand archidiacre de l'Eglise, neveu de Tristan de Salazard, l'un des derniers archevêques défunts. Dans cette mutinerie du chapitre contre l'autorité du Pape et celle du roi, le doyen de l'Eglise métropolitaine obtint deux voix; Antoine Duprat eut une voix seulement. Mais la volonté expresse et persévérante de la régente le maintint dans ses droits et le roi lui-même, à son retour d'Espagne, confirma son chancelier à cette dignité en recevant à Dijon le renouvellement de son serment d'archevêque. Du reste Duprat ne prit point possession du siège de Sens et ce fut après sa mort seulement qu'il fit son entrée dans la cathédrale (2).

Nous avons encore à Vienne en Dauphiné un

(1) *Gallia Cristiana*, XI, col. 900.
(2) Marquis du Prat, *Essai sur la vie du cardinal Duprat*, pp. 102 et 1103.

exemple de l'élection par le chapitre du candidat du roi, Pierre Paumier en remplacement d'Alexandre de St-Séverin et l'on vit les chanoines s'empresser de déférer à cette demande royale (1). Signalons aussi l'élection à Orléans, sur la recommandation du roi, de Jean d'Orléans élu à l'unanimité par les chanoines de cette ville, le 10 mai 1521, à la mort de Germain du Bellay (2).

A partir de la mort de François Ier, les résistances du début s'atténuèrent d'une manière très sensible, et si l'on en rencontre quelques-unes, elles sont peu sérieuses et n'ont aucune suite bien durable. A Langres à la mort du cardinal de Givry, arrivée en 1561, comme le siège était déjà vacant depuis nu an, le clergé et le peuple craignirent que, par suite du Concordat entre François Ier et Léon X la liberté d'élire son successeur leur fût enlevée. Cependant on en conserva quelqu'apparence. L'archevêque de Lyon, primat, et ses suffragants furent convoqués, mais ils s'accordèrent très peu. Qu'allaient-ils faire contre l'ordre du conseil du roi? Ce sont les paroles d'un chroniqueur de Langres qui ajoute que douze personnes de première noblesse et autant de citoyens furent invités (3). Ils s'en réjouirent et se joignirent

(1) *Gallia Christiana*, t. XVI, col. 122.
(2) *Opus citat.*, t. VIII, col. 1482.
(3) On voulait faire là une application de l'article 1er de l'ordonnance de 1560.

au clergé pour voter. Mais avant qu'on les eut priés de restreindre leur choix à trois personnes, on leur signifia qu'un seul, Jacques de Hélius, plaisait aux chefs du royaume. Et ainsi un seul, bien qu'inconnu, vainquit par la majorité des suffrages deux autres candidats d'un grand mérite. C'est ainsi qu'en 1562 fut désigné l'évêque de Langres (1). C'était là un simulacre d'élection destiné à faire croire à l'existence d'un droit, complètement passé entre les mains de la royauté et qui n'était même plus défendu par ceux qui auraient dû se trouver ses défenseurs naturels, puisque nous voyons l'archevêque de Lyon et ses suffragants se prêter, au profit de la royauté, à cette supercherie.

Quelques années plus tard, à Paris, à la mort de l'évêque Guillaume Viole, arrivée le 29 septembre 1568, les prévôts de la ville, qui n'avaient pas oublié l'ancien droit, demandèrent aux chanoines de procéder à l'élection du nouvel évêque, mais le roi Charles IX devança toute tentative de ce genre en nommant au siège de Paris Pierre de Gondi (2).

Nous trouvons à Vannes une élection au temps de la Ligue. Georges d'Aradon, successeur de Louis de la Haye, fut élevé au siège de Vannes par les ligueurs dont il était partisan. Elu par le chapitre

(1) *Gallia Christiana*, t. IV, col. 1035-636.
(2) *Opus citat.*, t. VII, col. 165.

le 13 février 1590, il prêta serment au roi le 20 septembre 1591 et obtint ses bulles en 1592 (1).

Un cas de résistance analogue, mais beaucoup plus connu, est celui de Genebrard, le célèbre archevêque d'Aix. Ligueur acharné, il avait été élevé au siège d'Aix par le pape Grégoire XIII en 1591. Mais il avait reçu cette dignité contre les lois du royaume. L'ayant reçu directement du pape et bien que très méritant il fut accusé du crime de lèse-majesté, surtout parce que par la parole et par les écrits, il aidait les ligueurs et retenait les esprits dans la rébellion. C'est pourquoi par un jugement du Parlement d'Aix du 26 janvier 1896, il fut privé de sa dignité (2).

Nous trouvons une difficulté d'un autre genre vers la même époque relativement au siège d'Auxerre. Mais ici il ne s'agissait plus d'une résistance du chapitre aux prétentions de la royauté, mais d'une lutte entre cette dernière et la papauté au sujet des bénéfices qui venaient à vaquer *in curia*. L'on sait que le Concordat de 1516 réservait au Souverain Pontife ces bénéfices, mais que bientôt par des indults personnels et renouvelés à l'avènement de chaque nouveau roi, les papes leur abandonnaient ce droit et leur permettaient de nommer même à ces dignités (3).

(1) *Gallia Christiana*, t. XIV, col. 936.

(2) *Opus citat.*, t. I, p. 324.

(3) Ainsi nous trouvons les indults de Paul III à François Ier, de Jules III à Henri II, leur donnant le droit de nommer aux bénéfices vacants *in curia* comme si les titulaires de ces bénéfices dé-

Cependant les papes revendiquaient parfois leurs anciennes prérogatives. Ainsi le siège d'Auxerre étant venu à vaquer par la mort du cardinal de la Bourdaissière, arrivée en cour de Rome, le pape Pie V pourvut à tous les bénéfices de ce cardinal, *pleno jure*, et lui nomma un successeur à l'évêché d'Auxerre, ce qui causa de grandes difficultés entre le roi et le pape. Cette circonstance, quoique combattue par l'historiographe Renaud Martin, se trouve indiquée dans les archives d'Auxerre, à la date de 1592. Il est dit que les chanoines avaient été fort sollicités par celui qui avait des provisions du pape de le recevoir et de lui délivrer les revenus du siège, échus pendant la vacance, mais qu'ils n'en voulurent rien faire. Le pape fut obligé de condescendre à la volonté du roi et informé d'ailleurs des qualités extraordinaires d'Amyot, le nomma à cet évêché. Henri III, qui désirait ardemment l'avancement de son « maître », sut bon gré au Saint-Père d'avoir confirmé son choix (1).

On voit quel était, dans ce cas, le procédé employé par le roi pour faire réussir ses candidats malgré les droits du pape, quand il arrivait que celui-ci voulait en user. Les chapitres refusaient de recevoir celui

cédaient en France. Bibl. nat. départ. des manuscrits, *Coll. Dupuy*, t. 123.

(1) Lebeuf, *Mémoires concernant l'histoire civile et ecclésiastique d'Auxerre*, t. II, p. 165.

que le pape nommait, le roi recommandait à Rome celui qu'il voulait voir élever à ce siège, et le pape, en paraissant sauvegarder ses droits, ne faisait que confirmer la volonté royale. C'est ce que l'on vit encore au siècle suivant, à la mort de l'archevêque de Lyon, arrivée à Rome. Le roi Louis XIII parvint à faire agréer et nommer par le Saint-Siège son candidat qui n'était autre que Pierre de Marca.

Les résistances des chapitres, qui jamais n'avaient été bien considérables, cessèrent complètement aux XVIIe et XVIIIe siècles. Les élections disparurent bientôt partout et la chose se passa toujours suivant les prescriptions du Concordat : nomination du roi, institution canonique et prise de possession du siège, les bulles consistoriales ayant été reçues et présentées au chapitre. Parfois il y eut quelques difficultés dans l'exécution, provenant de l'inexécution de certaines formalités ou d'expressions irrégulières contenues dans les bulles, et l'on vit certains chapitres, notamment en 1761 celui d'Auxerre, tenter de s'opposer parfois à une prise de possession, à cause de certaines irrégularités dans les pièces de l'élu (1). Mais ce ne furent là que des difficultés de détail. Les résistances du début furent très vite vaincues ; tandis que les protestations véhémentes et indignées continuaient de s'élever dans les Assemblées, le principe posé par le Concordat recevait son applica-

(1) Lebeuf, *Mémoires concernant l'histoire civile et ecclésiastique d'Auxerre*, t. II, p. 350.

tion et ne soulevait plus dans la pratique la moindre contestation.

II

Le Concordat de 1516 avait donné au roi de France le droit de nomination aux bénéfices ecclésiastiques de toute la France, mais il ne s'était pas prononcé sur certaines provinces dont l'annexion à la couronne n'était pas encore définitive ou qui jouissaient de libertés spéciales. Tel était le cas de la Bretagne et de la Provence. Mais ce double régime ne dura pas longtemps et bientôt des indults conférés aux rois de France par le Saint-Siège leur donnèrent pour ces pays les mêmes droits qu'ils possédaient en France.

Qu'allait-il se passer pour les bénéfices ecclésiastiques des provinces qui feraient dans la suite des temps l'objet d'annexions successives. Deux solutions étaient possibles : ou bien prétendre que les nouvelles conquêtes étant incorporées à la France devaient suivre les règles en usage dans ce pays et que par suite les principes du Concordat devaient aussitôt s'y appliquer ou bien solliciter du Saint-Siège pour chacun de ces pays une pièce, un indult, permettant d'y faire l'application de ces principes et conférant pour chacun d'eux au roi de France les pouvoirs qui lui avaient été donnés en 1516. C'était refaire en quelque sorte pour chacun de ces pays un petit concordat. Ce fut cette dernière solution qui triompha. En effet la première qui étendait de plein droit à des pays nouvellement annexés le Concordat de 1516 n'allait pas être sans quelques difficultés, surtout si l'on se passait du consentement de la cour de Rome. On ne pouvait étendre un contrat à des provinces qui n'y étaient pas spécifiées à l'origine sans le consentement des parties contractantes. Ce n'est pas que quelques auteurs n'aient soutenu la thèse contraire et n'aient prétendu que le roi avait le droit de nomination en vertu des concordats. Mais Rome allait contester ce droit et Sa Majesté se contenta de réclamer chaque fois un indult (1).

Nous trouvons un seul exemple du droit de nomination royale s'exerçant en notre matière sans la concession nouvelle du Saint-Siège. Il est relatif aux sièges épiscopaux de Lescar et d'Oloron. Le droit d'élection avait été confirmé en 1536 aux deux chapitres de ces villes, à charge d'élire une personne qui serait agréable au roi de Navarre. Les choses se passèrent ainsi jusqu'en 1567, date de l'abolition dans le pays par la reine Jeanne d'Albret du culte catholique. Pendant la suppression du culte, les chanoines de Lescar, conservant leur droit d'élection, nommèrent un évêque qui fut confirmé par le pape. En 1599, lors du rétablissement du culte ca-

(1) Mémoire touchant l'indult qu'il faut obtenir pour les bénéfices d'Artois et de Roussillon (Bibl. nat. départ. des Imprimés, *Coll. Thoisy*, f. 140 et suiv.).

tholique, le roi pourvut aux deux évêchés et depuis cette date, sans aucun indult, les évêques furent constamment nommés à ces deux sièges par le roi et confirmés par le pape (1). Le droit des chapitres avait ici complètement disparu sans laisser aucune trace ; les chanoines, voyant l'exemple des églises voisines, n'avaient fait aucune résistance, ni sollicité aucune compensation et le roi de France s'était empressé de faire ici l'application des règles du Concordat. Il n'en fut pas de même ailleurs, où les luttes furent parfois vives et les négociations très longues tant à l'égard des chapitres qui voulaient sauvegarder leurs droits qu'à l'égard de la papauté.

Les premières annexions à la France que nous trouvons, à partir du Concordat de 1516 furent celles des trois évêchés : Metz, Toul et Verdun qui furent occupés par les armées du roi de France dès 1552. Ces villes demeuraient cependant sous la suzeraineté de l'Empire et leur situation restée en dehors du traité de Cateau-Cambrésis de 1559 ne fut définitivement réglée qu'aux traités de Westphalie en 1648 qui proclamèrent alors d'une manière absolue leur annexion française. C'est une des sources des difficultés que nous allons recontrer dans ces villes, pendant un demi-siècle, pour les successions épiscopales. Les droits rivaux et mal définis de l'Em-

(1) Bibl. nat. départ. des manus., *Collection Dupuy*, t. 534, f° 68.

pereur suzerain et du roi de France, protecteur de ces villes, des chapitres et du pape se heurtent constamment et provoquent d'interminables conflits. Les procès sont nombreux au grand préjudice des intérêts de la cité épiscopale qu'il faut pourvoir de pasteur. Il faut remarquer cependant la persévérance des rois de France qui ne cessent d'intervenir dans ces luttes, de présenter des candidats ou d'appuyer à Rome certains personnages. L'influence française se fait sentir dans les Trois Evêchés d'une façon continue et arrive à ruiner peu à peu l'influence impériale. Quand il s'agira au milieu du XVIIe siècle, de convertir en annexion pure et simple un protectorat qui n'en avait été qu'une forme affaiblie, les difficultés seront aussitôt aplanies. Alors seulement le roi de France pourra solliciter avec succès de la Cour pontificale l'indult qu'il avait déjà essayé, mais en vain, à différentes reprises, d'obtenir pour ces pays.

Examinons comment les chapitres des trois évêchés sont parvenus, malgré la domination de la France, à conserver, durant près d'un siècle encore, les droits que les Eglises de France avaient perdus. Ces chapitres étant établis dans les villes impériales avaient vu leurs droits réglés par le Concordat Germanique, qui fut conclu le 18 avril 1448 entre le pape Nicolas V et l'empereur Frédéric V. Ce Concordat donne aux chapitres le droit de nommer les évêques. Mais si le pape ne veut pas du candidat élu ou si l'élection ne lui a pas été présentée dans le délai voulu, le pape se réserve le droit de nomination (1).

Nous verrons plus tard que la question de savoir si le Concordat s'appliquait aux trois évêchés fut vivement discutée et même, dans un procès en cour de Rome, résolue par la négative. Ce qui n'empêcha pas que souvent on en fit l'application, qu'on en tira des arguments en faveur des droits des chapitres et qu'un bon nombre d'auteurs admirent son application dans le pays des Trois Evêchés. Nous verrons aussi plusieurs tentatives de la part de la royauté française pour obtenir l'application des règles du Concordat de 1516.

En 1565, mourut Toussaint d'Hocédy, évêque de Toul. De son vivant les chanoines lui avaient élu un coadjuteur, Pierre du Chatelet, mais Rome avait refusé d'accorder à l'élu du chapitre les bulles. A la mort de l'évêque, le roi Charles IX envoya son lieutenant de Metz à Toul avec l'ordre d'intimer aux chanoines la défense d'élire un évêque sans le consentement du roi. Le roi voulait sans doute invoquer le Concordat de 1516. On voit l'importance de la prétention royale. En nommant l'évêque de Toul, Charles IX faisait dans la ville acte de souverain, déclarait implicitement l'évêché de Toul, évêché

(1) Binsson, *Notes sur les indults*, p. 387.

français et transformait virtuellement le protectorat en véritable « annexion ».

Mais il devait s'écouler près d'un siècle avant que le pape Alexandre VII reconnût à Louis XIV le droit de nommer aux bénéfices des Trois Evêchés. Sous Charles IX la question ne fut même pas discutée clairement. Claude de France, fille de Henri II, et duchesse de Lorraine intervint et demanda au roi de permettre l'élection. Le roi, ou plutôt Catherine de Médicis la permit et Pierre de Chatelet fut élu par le chapitre (1).

Les rois de France ne devaient à partir de ce moment cesser d'intervenir mais sous des formes plus ou moins directes dans les affaires religieuses de ce pays. A la mort de l'évêque Pierre du Châtelet, que nous avons vu élire, par la permission du roi, le chapitre de Toul nomma évêque Charles de Vaudemont, malgré son jeune âge (il n'avait que vingt ans) et le roi de France, Henri III, se contenta d'écrire au chapitre pour l'exhorter à obéir en tout et partout au bref de Notre Saint Père. Il s'agissait du bref d'éligibilité obtenu pour l'évêché de Toul par Charles de Vaudemont après la mort de Pierre du Châtelet (2).

Quelques années plus tard, le siège de Toul fut

(1) Pimodan (Marquis de), *La réunion de Toul à la France et les derniers évêques souverains*, pp. 68 et 69.

(2) *Opus citat.*, pp. 114 et 115.

ardemment convoité par un prince de la maison de Lorraine, Antoine de Lorraine Vaudemont, qui n'épargna aucune influence pour atteindre le but de ses désirs. Sa sœur Louise de Lorraine qui était reine de France et sa mère Catherine de Lorraine agirent près du roi Henri III pour qu'il pesât sur la décision des électeurs capitulaires, près du pape, afin qu'il préconisât celui qui allait être l'élu. Le chapitre cédant à de si pressantes influences choisit comme évêque Antoine de Lorraine Vaudemont le 22 février 1585. Mais le pape refusa de le préconiser parce qu'il était trop jeune et le siège de Toul demeura vacant (1).

On voit que le roi de France agissait sur les électeurs et que ceux-ci voulant conserver leurs droits n'osaient lui résister ouvertement et portaient leurs suffrages sur les candidats de la royauté.

Le cardinal de Vaudemont mourut le 29 octobre 1587 et le chapitre se réunit pour nommer son successeur. A ce moment un gentilhomme du duc de Lorraine requit les chanoines de donner leurs voix à M. de la Vallée. Mais les chanoines ne voulant pas de cette candidature forcée se dispersèrent et remirent l'élection à une date postérieure. A la même époque le roi Henri III protecteur des Trois Evêchés avait formé le projet d'obtenir que le pape nommât le successeur du cardinal de Vaudemont sur recom-

(1) Pimodan (Marquis de), *La réunion de Toul à la France et les derniers évêques souverains*, pp. 142, 143, 144.

mandation royale. La recommandation ne différait guère au fond de la nomination et le roi espérait ainsi habituer les esprits au fonctionnement du Concordat français. Outre cet acheminement vers la nomination royale il y voyait d'autres avantages : il pouvait ainsi dans ces pays arriver à nommer des prélats dévoués à la France qui seraient pour la royauté de précieux auxiliaires dans son œuvre de conquête ; enfin cette combinaison permettait de conclure que Toul et Verdun n'étaient plus villes d'Allemagne, car le Concordat Germanique réservait aux chapitres le droit d'élection. Les candidats du roi de France étaient, pour Toul, Christophe de la Vallée que le duc de Lorraine avait recommandé au chapitre et que celui-ci avait refusé d'élire ; pour Verdun, Nicolas Boucher présenté par le duc de Lorraine, accepté par le roi et nommé par bref pontifical malgré l'opposition du chapitre (1).

Les souhaits du roi de France ne se réalisèrent pas sans grandes difficultés et l'opposition exista à la fois dans le duché de Lorraine et à la cour pontificale. En effet trois chanoines de Toul, Thiriet, de Rossières et Robin allèrent trouver le duc de Lorraine et protestèrent de leur volonté de maintenir la liberté des élections. En même temps le chapitre, qui avait

(1) Pimodan (Marquis de), *La réunion de Toul à la France et les derniers évêqués souverains*, pp. 168, 173, 185, 186, et les références indiquées à cet endroit.

différé l'élection nomma comme évêque Théodoric Thiriet, chanoine chantre de la cathédrale et official. L'élu du chapitre, prévoyant des difficultés, s'en alla aussitôt à Rome pour solliciter ses bulles d'institution. En même temps, à Verdun, le chapitre de la cathédrale se refusait à reconnaître Nicolas Boucher que le pape avait nommé comme évêque de cette ville, et les chanoines désignèrent comme évêque, un des leurs, Jean de Rambervilliers (1).

De son côté le cardinal de Joyeuse qui avait été chargé de conduire à la cour de Rome cette négociation, nous apprend dans ses lettres adressées au roi Henri III le résultat de ses démarches. Dans une première lettre, il annonce que le pape promet de ne disposer des bénéfices que quand il saura la volonté du roi. Il annonce qu'il a représenté au pape l'importance des villes de Verdun et de Toul, qui sont frontières, et montré que l'intérêt de l'Etat ne comporterait jamais qu'il y eut des évêques qui eussent été nommés par tout autre que Sa Majesté le roi de France. Dans une seconde lettre datée du 8 janvier 1588, Joyeuse annonce que le pape est résolu de pourvoir celui pour lequel le roi de France avait écrit à Rome, mais qu'il fallait voir celui qui avait été élu par le chapitre de Verdun (Jean de Rambervilliers), afin qu'il ne pût se plaindre de n'avoir été écouté en ses

(1) Pimodan (Marquis de), *La réunion de Toul à la France et les derniers évêques souverains*, pp. 186 et 187.

remontrances, mais qu'il était mal fondé et que Sa Sainteté même ne voulait pas abandonner le droit qu'il possédait d'y pourvoir sans l'assentiment du chapitre. Joyeuse ajoute que comme le pape sait que cette ville, pour le roi de France, est de telle importance, il en pourvoira le siège épiscopal d'une personne en qui Sa Majesté eût toute confiance.

Le 4 avril 1588, Joyeuse fait connaître la nomination au consistoire du 30 mars de Nicolas Boucher au siège de Verdun et il ajoute que si même il était admis que Verdun était compris dans les territoires soumis au Concordat Germanique, le pape aurait le droit de disposer du siège épiscopal de cette ville, puisque l'évêque défunt était cardinal. Mais le cardinal Joyeuse n'est pas sans faire sur ce point quelques réserves et il annonce que le chapitre de Toul demandait seulement au Saint-Siège un délai, espérant obtenir du roi de France des lettres de recommandation, en faveur de son élu, comme c'était la coutume (1).

Les démarches du cardinal de Joyeuse furent couronnées de succès, et nous avons vu plus haut que Nicolas Boucher obtint le siège de Verdun et ses bulles d'institution. Le chapitre n'opposa plus aucune résistance et le candidat royal prit possession de son évêché le 6 mai 1588. A Toul, Christophe

(1) Pimodan (Marquis de), *La réunion de Toul à la France et les derniers évêques souverains*, p. 188 et suiv.

de la Vallée qui, lui aussi, était le candidat du roi de France, fut préconisé au préjudice des droits de Thiriet, l'élu du chapitre. Les chanoines de Toul réclamèrent et demandèrent au Pape ou d'indiquer en quoi l'élection de Thiriet était vicieuse ou de la confirmer. Mais Sixte Quint refusa de recevoir les délégués du chapitre et fit expédier les bulles en septembre 1588. Le chapitre projeta de ne pas reconnaître l'élu, mais fut menacé d'interdiction. Les ducs de Guise et de Lorraine durent intervenir pour apaiser le différend. Enfin Christophe de la Vallée, vainqueur de toutes ces difficultés, fit son entrée à Toul le 27 novembre 1589.

Ce fut là le premier cas de l'intervention directe de la royauté française dans les affaires religieuses des Trois Evêchés. Mais la lutte ne devait pas cesser. Quoique battus et à la cour de Rome et à la cour du roi de France, les chapitres des trois villes épiscopales ne cessèrent pas de faire entendre leurs justes revendications ni de lutter pour leurs droits.

A la mort de Christophe de la Vallée, arrivée le 27 avril 1607, le lieutenant du roi à Toul, du Mesnil, défendit au chapitre de procéder à l'élection d'un nouvel évêque, mais il éprouva quelque résistance, car le chanoine Grillot lui répondit qu'il appartenait au chapitre de faire cette élection. Le gouverneur de la ville, M. de Lignivillе de Vanne, qui désirait l'évêché pour son neveu, leva la défense posée par le lieutenant royal et présenta au chapitre la candidature de son neveu, Philippe-Emmanuel, qui fut élu. Mais du Mesnil intervint comme lieutenant du roi. Les chanoines répondirent que, suivant les privilèges, franchises et libertés de l'Eglise, ils avaient procédé à l'élection et postulation d'un seigneur évêque. Le roi ordonna alors de saisir le temporel du chapitre. Vaudemont, fils du duc Charles III de Lorraine, désirait l'évêché pour son fils Henri de Lorraine, âgé de 5 ans 1/2. Le roi écrivit en sa faveur au chapitre, mais il était trop tard (1).

On voit que la royauté française n'hésitait pas à employer, même dans les pays qui étaient simplement soumis à son protectorat, les moyens violents mais énergiques qui lui avaient si bien réussi pour vaincre toutes les résistances anti-concordataires, nous voulons parler de la saisie du temporel.

Les mêmes difficultés se reproduisirent à Verdun, au mois d'avril 1593, à la mort de Nicolas Boucher que nous avons vu élever à ce siège, par la volonté du roi de France et malgré l'élection du chapitre. Celui-ci, à la mort de l'évêque, porta de nouveau ses suffrages sur le candidat qu'il avait choisi quelques années auparavant, et nomma Jean de Rambervil-

(1) Pimodan (Marquis de), *La réunion de Toul à la France et les derniers évêques souverains*, pp. 443 et suiv. Collection de Lorraine (Bibl. nat. dép. des manuscrits, t. 333, p. 3 : Lettres de Henri IV sur la vacance de l'évêché de Toul).

liers. Mais le pape refusa encore une fois de ratifier cette nomination et donna l'évêché de Verdun au prince Eric de Lorraine. Cependant l'affaire fut portée devant l'empereur qui s'en occupa à la Diète de Ratisbonne et en appela au tribunal de la Rote. Mais ce fut en vain. Les chanoines décidèrent que, ne pouvant éviter les censures de la cour de Rome et l'empereur n'étant pas en état de faire exécuter ses jugements, le duc Eric serait mis en possession de l'évêché, sans réserve des droits du chapitre et de l'empire, avec la protestation formelle « *de vi et metu* » par force et par crainte. Les chanoines continuèrent leurs récriminations en s'adressant au roi de France Henri IV, mais ce prince, qui n'avait pas participé à la nomination d'Eric, n'intervint en aucune façon (1).

Vers la même époque, le roi de France sollicita de la papauté, par l'intermédiaire du duc de Luxembourg, son ambassadeur à Rome de 1597 à 1598, un indult lui permettant de conférer les bénéfices des Trois Evêchés mais le pape refusa de donner suite à cette demande (2). La question de l'application du Concordat Germanique aux Trois Evêchés n'était pas sans soulever dans le pays même d'assez vives difficultés, d'autant plus importantes, que de la solution

(1) Pimodan (Marquis de), *La réunion de Toul à la France et les derniers évêques souverains*, p. 227 et suiv.

(2) Aubery, *Vie du Cardinal de Joyeuse* (Extraits des dépêches du duc de Luxembourg).

de cette question dépendait le droit de nomination aux bénéfices du pays. A l'occasion d'un procès entre l'évêque et le chapitre de Verdun en 1601, d'Ossat écrit de Rome au roi de France : « En une cause longuement plaidée à Rome sur le droit d'élection prétendu par les chanoines et le chapitre de l'église cathédrale de Verdun, advenant vacation de leur évêché, il a été jugé en Rote que le pays Messin (ou plutôt les Trois Evêchés) n'est point compris ès concordat d'Allemagne » (1). Dans une lutte relative à une abbaye du même pays entre le candidat royal et celui du pape, d'Ossat, dans sa correspondance, conseille de ne pas insister et ajoute relativement aux élections : « Quant aux élections, Sire, c'était une chose bonne et sainte, conforme à tout droit divin et humain, et je ne voudrais pas dire que c'ait été bien fait de les oter..... La France s'en défendit jusques au roi François Ier lequel on trouva moyen d'intéresser en lui offrant la nomination des évêchés, des abbayes et des prieurés électifs ; or soit que les élections aient été bien ou mal otées, la vérité est que le profit en est venu au roi de France (2) ». On voit par cette curieuse correspondance quel était l'avis sur notre question du représentant du roi de France auprès de la cour pontificale.

(1) Pimodan (Marquis de), *La réunion de Toul à la France et les derniers évêques souverains*, p. 239.
(2) *Opus citat.*, pp. 241 et 242.

Les difficultés relatives aux successions épiscopales et au maintien des droits des chapitres se continuèrent longtemps encore malgré l'influence toujours croissante dans ce pays de la royauté française. A la mort du prince Eric, Charles III, duc de Lorraine, entreprit de débouter M. de Ligniville, l'élu du chapitre, et fit nommer au siège de Toul Jean de Porcelet de Maillane, camérier d'honneur et abbé commendataire de Saint-Mansuy de Toul, en réservant formellement l'évêché pour son second fils le jeune Charles de Lorraine. Le roi Henri IV, donna au nouvel élu un brevet de nomination. Jean de Porcelet fut préconisé et sacré avant le 12 mars 1608 ; Jean de Ligniville fit un procès mais sans résultats. Ce fut la fin des élections épiscopales à Toul. Désormais le pape et le roi de France entreront en lutte pour la nomination de l'évêque jusqu'au moment où le pape conférera au roi de France un indult permettant d'y nommer comme aux sièges de France. Plus tard Nicolas François de Vaudemont, fils du lieutenant général de Toul qui avait été nommé coadjuteur de Toul succéda sans difficulté à Porcelet en 1625. Cardinal en 1627 il résigna en 1634 son siège épiscopal pour rentrer dans le siècle, chose qui lui était facile puisqu'il n'avait jamais reçu les ordres sacrés. Il avait résigné son évêché en faveur de M. de Gournay son auxiliaire, évêque titulaire de Scythie et celui-ci, sur la recommandation de M. Vincent et de la princesse Nicole de Lorraine, avait le 1er mars 1634 reçu du roi Louis XIII son brevet de nomination. Les chanoines firent au roi de France des remontrances et lui exposèrent qu'ils étaient en droit de faire élection d'un évêque ; que les rois précédents ne les avaient pas inquiétés dans cette possession ; que la personne de M. de Gournay leur était très agréable puisqu'elle était du goût de Sa Majesté, qu'ils la suppliaient de permettre de joindre leurs suffrages à sa nomination afin qu'il fût fait mention de leurs droits d'élection dans les bulles qui seraient expédiées ; c'était reprendre l'ancienne tactique que nous avons rencontrée dans les premiers temps de l'application du Concordat en 1516 : les chanoines portent, afin de conserver leurs droits, et en attendant les temps meilleurs, leurs suffrages sur le candidat choisi par le roi. Louis XIII accepta la demande du chapitre et retira son brevet de nomination, mais le pape Urbain VIII commença par refuser les bulles d'institution à M. de Gournay en disant que cette nomination était une entreprise sur ses droits et que l'évêché de Toul lui était réservé, mais il finit par les accorder en 1636 (1). M. de Gournay n'occupa pas longtemps le siège de Toul et mourut en 1637.

Le chapitre qui avait fait reconnaître ses droits à

(1) Pimodan (Marquis de), *La réunion de Toul à la France et les derniers évêques souverains*, p. 390 et suiv. D. Calmet, *Histoire de Lorraine*, t. V, col. 727.

l'élection précédente, choisit comme évêque Henri Arnaud, doyen du chapitre et ami du Père Joseph, le fameux confident de Richelieu. Le roi manifesta d'abord son mécontentement de n'avoir pas été prévenu de cette élection, mais finit néanmoins par donner à l'élu du chapitre un brevet de nomination. Mais le pape fidèle à ses prétentions de nommer seul l'évêque de Toul, refusa les bulles d'institution et, en 1641, le roi de France de son côté révoqua le brevet qu'il avait accordé et nomma directement au siège de Toul M. de Fiesque qui était à Paris, l'envoyé de Gênes. Rome commença par refuser de pourvoir le candidat du roi mais enfin le pape Innocent X consentit à lui accorder ses bulles ; l'évêque mourut peu après leur réception et l'on ne vit de la part du chapitre de Toul ni de son élu aucune tentative d'opposition à celui que le roi venait ainsi de lui envoyer directement. Aussi, à partir de cette époque, la lutte est-elle uniquement circonscrite entre le roi de France qui veut faire prévaloir son droit de nomination directe et le pape qui prétend que l'évêché de Toul lui est réservé.

En 1643, à la mort de Richelieu et de Louis XIII, le pape, malgré les représentations de l'ambassadeur de France, nomme directement au siège de Toul Jacques Lebret qui meurt peu après. A la mort de Lebret, les chanoines n'osèrent pas faire une élection et le pape, ne voulant molester le roi de

France, ne pourvut pas au remplacement de l'évêque défunt. En 1619, c'est le roi qui y nomme directement un prêtre parisien André du Saussay. Le pape Innocent X, fidèle à ses principes, lui refuse les bulles mais offre de le nommer directement. Le gouvernement refuse cette espèce de transaction et le siège de Toul demeure vacant jusqu'à la mort d'Innocent X. Enfin, le traité de Westphalie ayant été conclu sur ces entrefaites, et ayant proclamé l'annexion pure et simple à la France des Trois Evêchés, le pape Alexandre VII accorde au roi Louis XIV, le 7 janvier 1655, un premier indult permettant de nommer aux bénéfices des Trois Evêchés et du Saussay est définitivement accepté comme évêque de Toul (1).

Nous avons pour l'évêché de Metz beaucoup moins de renseignements que pour les sièges de Toul et de Verdun; mais, d'après ceux que nous possédons, nous pouvons conclure que malgré le protectorat de la France, le chapitre de l'église cathédrale resta toujours en possession de son droit électoral jusqu'au jour où le pape Alexandre VII le lui enleva par l'indult qui le donnait au roi de France. Sans doute ce droit, depuis 1552, dut probablement subir à Metz, comme à Toul et à Verdun, quelques fluctuations et l'on dut y trouver comme ailleurs les chanoines disposés à tous les sacrifices pour sa conservation.

(1) Pimodan (Marquis de), *La réunion de Toul à la France et les derniers évêques souverains*, p. 39 et suiv.

La recommandation du roi de France devait certes être toute puissante et tenir lieu chez l'élu des qualités et des vertus nécessaires mais néanmoins il s'était conservé comme un semblant des règles de l'ancien droit canonique. Les difficultés à Metz venaient surtout de la cour pontificale qui, jalouse de ses prérogatives ne manquait pas de refuser à l'élu du chapitre les bulles d'institution sous divers prétextes et le plus souvent parce qu'il était nommé, ayant accepté sa nomination du roi de France, d'une manière contraire aux règles du Concordat Germanique. Les papes appliquaient ce Concordat aux Trois Evêchés suivant leurs intérêts et nous avons vu une décision du tribunal de la Rote, rapportée dans une lettre de d'Ossat et disant que les règles du Concordat germanique ne devaient pas être suivies dans les Trois Evêchés (1). Cette question d'application dans ces pays du Concordat Germanique devait durer longtemps encore car nous trouvons au cahier du tiers état de Metz rédigé à l'occasion des Etats Généraux de 1789 un vœu réclamant la solution des difficultés et des protestations soulevées par le Concordat français et la suppression des alternatives établies par le Concordat Germanique. Cette survivance de certaines règles anciennes dans les Trois Evêchés venait principalement de ce que ceux-ci

(1) Voir plus haut, p. 117.

étaient au point de vue religieux suffragants de la métropole de Trèves, située en terre allemande et qu'ainsi, bien que français, ils étaient obligés de suivre les règles établies en certaines matières pour toute la province ecclésiastique.

En 1652, le cardinal J. Mazarin, alors premier ministre du roi de France, fut élu par le chapitre de Metz comme évêque de cette ville. Mais le pape refusa de lui donner ses bulles d'institution et Mazarin se démit en 1658 de son siège qu'il n'avait jamais occupé. La raison du refus du pape était que l'élu avait accepté du roi une nomination qui était contraire aux règles du Concordat Germanique. Le chapitre, le 19 juin 1659, procéda à une nouvelle élection et François Egon de Furstenberg, grand doyen de Cologne, fut élu. Il fut évêque de Metz jusqu'en 1663, date de son transfert au siège de Strasbourg, mais lui aussi ne put jamais prendre possession de son siège à cause du refus des bulles d'institution.

Lors de la nomination au siège de Strasbourg de l'évêque (1) de Metz, le chapitre qui voulait conserver son droit d'élection choisit comme évêque, le 30 septembre 1655, Guillaume Egon de Furstemberg qui, en 1668, se démit de son évêché, sans avoir pu réussir à obtenir ses bulles de la Cour romaine (2).

(1) *Histoire de Metz par des religieux bénédictins de la Congrégation de St-Vanne*, t. III, pp. 291 et 292.

(2) *Opus citat.*, t. III, p. 306. Guillaume Egon de Furstenberg de-

Pour expliquer de la part du Souverain Pontife ces refus répétés et maintenus avec opiniâtreté, il faut savoir qu'en vertu du Concordat Germanique, les chanoines de la cathédrale de Metz avaient conservé jusqu'à cette époque le droit d'élire leur évêque. Mais Louis XIV prétendit que les Trois Evêchés, étant rentrés sous sa domination par le traité de Munster, il devait en même temps rentrer dans les anciens droits de sa Couronne sur ces évêchés et y nommer lors de la vacance. La cour de Rome, de son côté, refusait les bulles à ceux qui avaient reçu les brevets de nomination de Sa Majesté et c'était là le cas ordinaire. L'élu du chapitre n'était que le personnage recommandé par le roi et assuré à l'avance d'obtenir son brevet de nomination (1).

Cette situation, rendue très difficile depuis les traités qui avaient prononcé l'annexion complète allait finir. Nous avons vu plus haut que le pape Alexandre VII avait accordé au roi de France un indult en date du 7 janvier 1655 qui mit fin aux difficultés relatives au siège de Toul et assura définitivement cet évêché au candidat royal. Mais il faut admettre que cet indult était particulier à ce siège, car il s'était appliqué à tous les bénéfices des Trois Evêchés, nous

vint en 1682 évêque de Strasbourg, cardinal en 1686 et sollicita en 1688 le siège de Cologne que Rome lui refusa. On sait que les difficultés relatives à ce siège furent une des causes de la guerre qui éclata en 1689 entre la France et les pays allemands.

(1) *Opus citat.*, t. III, p. 310.

n'aurions plus en 1663 et 1668 rencontré à Metz des cas d'élections épiscopales faites par le chapitre. Nous n'aurions pas, d'autre part, l'indult d'Alexandre VII en date du 14 septembre 1664 par lequel le pape accorde *à la personne* de Louis XIV seulement, la nomination aux Trois Evêchés et en outre aux dignités, prébendes et bénéfices appartenant à Sa Sainteté en ces lieux. Le roi refusa l'indult qui lui était accordé parce qu'il n'était point donné en même temps pour les rois ses successeurs. Le successeur d'Alexandre VII, Clément IX, accorda la grâce entière par l'indult du 23 mars 1668 qui concéda au roi et à ses successeurs la nomination aux Trois Evêchés et aux bénéfices qui y étaient auparavant à la collation du pape. Cette fois, le roi de France accepta l'indult qui fut enregistré le 25 janvier 1670 avec celui qui l'avait précédé.

Vers la même époque, d'autres pays avaient vu de la même manière la collation de leurs bénéfices passer aux mains du roi de France. Ainsi l'indult relatif au Roussillon est du 9 avril 1668, celui relatif à l'évêché d'Arras du 27 août de la même année. D'autres devaient les suivre, car la royauté française s'était définitivement arrêtée à ce moyen et dans un mémoire rédigé à l'occasion de la demande des indults relatifs à l'Artois et au Roussillon, nous voyons que le roi de France agit en cette matière par imitation de ce qui se passait en Espagne. L'auteur recommande au roi de France de réclamer une faveur qu'on ne peut lui refuser, sans le blesser, puisqu'elle a déjà été accordée au roi d'Espagne : il ajoute qu'il faut prendre soin d'y faire insérer toutes les clauses favorables qui sont dans les bulles d'érection de ces évêchés et voir si elles font mention de la vacance « en cour de Rome ». Il termine en disant qu'un seul indult peut suffire pour les évêchés et les abbayes, mais que si l'on se propose d'en accorder deux, « l'un perpétuel pour les évêchés, l'autre personnel pour les abbayes, il faut bien se garder de les refuser ». Quant à l'évêché d'Elne, le mémoire fait remarquer que l'indult doit être perpétuel, car en 1523, en 1529 et en 1536, les papes ont donné à Charles Quint et à ses successeurs sur cet évêché un droit de patronage et un droit de présenter au pape des candidats à ce siège.

La plupart du temps, nous l'avons vu, la concession de ces indults (1) au roi de France se faisait sans aucune compensation pour les chapitres qui se voyaient ainsi complètement dépouillés de leurs anciennes prérogatives. Il en fut ainsi pour Metz, Toul et Verdun dont les chapitres perdirent complètement leurs droits en vertu des indults de 1655, 1664 et 1668.

Cependant la royauté fut obligée parfois de don-

(1) Mémoire touchant l'indult qu'il faut obtenir pour les bénéfices d'Artois et de Roussilion (Bibl. nat. dép. des Imprimés, *Collect. Thoisy*, f° 140 et suiv.).

ner aux électeurs, qui se dépouillaient de leurs droits en sa faveur certains dédommagements et nous avons des exemples en ce sens au temps des conquêtes de Louis XIV.

Ainsi l'article 4 et d'autres encore de la capitulation de Cambrai avaient maintenu le chapitre de cette ville dans tous ses droits et privilèges. Il conservait par conséquent la faculté de procéder à l'élection de son archevêque. Mais le roi de France, qui depuis le Concordat de 1516 possédait la nomination aux évêchés du royaume, ne pouvait guère laisser le chapitre de Cambrai en possession de ce privilège.

Louis XIV chargea donc le gouverneur de Cambrai, le comte de Montberon et M. Le Pelletier d'entrer sur ce point en négociations avec le chapitre. Celui-ci se montra de bonne composition et renonça en faveur du roi à son droit d'élection. En reconnaissance de ce désistement, le roi de France voulut bien renoncer ici à l'exercice de son droit de régale qu'il possédait partout à la mort de l'évêque ; et le chapitre garda, en cas de vacance du siège, l'administration temporelle de l'évêché.

Le pape ne fit aucune difficulté pour ratifier l'accord intervenu et accorda au roi Louis XIV, sur le vu de ce concordat conclu entre les chanoines de Cambrai et le roi de France, l'indult lui permettant de procéder à la nomination de l'archevêque de Cambrai dans les mêmes conditions stipulées au Concordat de

1516. Le roi usa pour la première fois de ce droit en nommant à ce siège François de Salignac de la Mothe Fénelon (1).

De semblables difficultés suivies d'une solution identique se présentèrent vers la même époque pour l'archevêché de Besançon qui, comme celui de Cambrai, se trouvait compris dans les nouvelles possessions de la France. Le roi nomma bientôt à tous les bénéfices électifs dans le comté de Bourgogne et le pape les conféra sur la nomination du roi.

Les rois d'Espagne et avant eux les ducs de Bourgogne avaient prétendu nommer aux prélatures du pays soit comme patrons soit comme souverains. Comme patrons, parce qu'ils avaient construit, fondé ou enrichi les églises ; comme souverains, parce qu'il est de l'intérêt du prince que les grandes places de ses Etats ne soient remplies que par des sujets connus et agréables. C'est en se basant sur ces idées que les rois d'Espagne, qui pouvaient exiger un concordat semblable à celui de Léon X, ont pris une voie équivalente en demandant au Saint Père un indult pour nommer aux bénéfices qui y sont exprimés.

Charles Quint obtint de Léon X, en 1315, un indult pour nommer aux prieurés et aux abbayes ; en 1552, il en obtint un second du pape Jules III, lui donnant ce droit pour les prélatures.

(1) Le Glay, *Cameracum Christianum*, p. LV.

Pie IV confirma cet indult à Philippe II et les papes Grégoire XIII en 1582, Sixte Quint en 1584, Clément VIII en 1600 et Urbain VIII en 1640 ne manquèrent pas de le renouveler.

Le roi d'Espagne Charles II jouissait de ce droit lorsque par le traité de Nimègue il céda au roi de France le comté de Bourgogne pour en jouir aux mêmes droits et privilèges que les rois d'Espagne, ses prédécesseurs. Innocent XI renouvela en 1686 au profit du roi de France l'indult accordé précédemment aux rois d'Espagne, mais cet indult ne s'appliquait pas au siège archiépiscopal de Besançon pour lequel le roi de France fut obligé de prendre un indult particulier. En effet, bien que la cour de Rome eût dans ces derniers temps donné quelques atteintes au droit, dont le chapitre de Besançon avait joui, d'élire ses archevêques, ce droit était cependant encore fondé et pouvait être soutenu avec succès par les voies de la justice, car le pape n'y avait dérogé qu'en vertu de la réserve des bénéfices tenus par les cardinaux. Ce n'était que depuis 1638 qu'il avait conféré l'archevêché de Besançon et dans les quatre vacances qui étaient arrivées depuis cette époque, il l'avait toujours donné à la personne élue du chapitre, quoiqu'il n'agissait pas en vertu de l'élection. Le chapitre qui ne pouvait mieux faire contre une autorité aussi grande et aussi invariable, s'était contenté de protester, dans tous ces cas, qu'il ne recevait les archevêques qui lui présentaient les bulles du Saint-Siège que parce qu'il les avait élus. De leur côté les souverains de la province, nonobstant la qualité des bulles par lesquelles le pape avait conféré l'archevêché de Besançon, n'avaient jamais cessé, même dans la dernière vacance, d'appuyer de toute leur autorité les droits du chapitre.

Ce fut cette situation spéciale d'un chapitre ayant conservé ses droits électoraux avec l'appui de l'autorité civile du pays et malgré les indults successifs qui donnaient à cette autorité civile le droit de nomination aux bénéfices ecclésiastiques de la province qui détermina Louis XIV à ne pas se contenter vis-à-vis du chapitre de Besançon de l'indult général que lui avait donné le pape Innocent XI en 1686 et à entrer en négociations avec les chanoines. Ceux-ci préférèrent ce parti à des contestations fâcheuses (1).

Par traité en date du 19 juin 1698, le chapitre se démit et désista, céda et transmit au roi pour lui et ses successeurs, rois de France et comtes de Bourgogne, entre les mains de M. de Vaubourg, intendant de la province et commissaire député par Sa Majesté, le droit et la possession où il était tant en vertu du droit commun que du Concordat Germanique d'élire ses archevêques. De son côté au nom du roi de France, M. de Vaubourg promit en retour : 1° l'exemption

(1) Dunod, *Histoire de l'Eglise, ville et diocèse de Besançon*, t. I p. 363, t. II, p. 381 et suiv.

du droit de Régale spirituelle et temporelle ; 2° la conservation au chapitre, à l'exclusion de tous autres et conformément à l'usage des Eglises d'Allemagne de l'administration du temporel de l'archevêché; 3° le droit pour le chapitre de procéder à l'élection du haut doyen de ses dignitaires et de conférer les canonicats, alternativement avec le Saint-Siège. Cet accord fut approuvé par lettres patentes du 15 juillet suivant, qui furent enregistrées, avec le traité, au Parlement de Besançon le 30 du même mois (1).

Ce traité ne fut pas suivi d'un indult du Saint-Siège le ratifiant spécialement. Aussi, en 1717, à la nomination par le roi de France d'un nouvel archevêque de Besançon, René de Morlay, Rome refusa les bulles d'institution. Les difficultés qui s'élevèrent à ce sujet et les longues négociations qui s'ensuivirent entre le pape Clément XI et Louis XV n'étaient pas encore terminées à la mort de René de Morlay arrivée le 17 mai 1721. Enfin en 1722 le pape Innocent XIII accorda l'indult et en 1724 le roi nomma au siège de Besançon, sans soulever aucune protestation, Honoré François de Grimaldi (2).

(1) Concordat fait entre Louis XIV roi de France et de Navarre et MM. les haut doyen et chanoines de l'illustre chapitre de l'Eglise métropolitaine de Besançon (pièce).

(2) Richard, *Histoire des diocèses de Besançon et de St-Claude*, t. II, pp. 188 et 382.

CONCLUSION

Il nous reste à tirer quelque conclusion de cette étude. Nous avons vu les résistances qui se sont produites à l'occasion d'un point spécial du Concordat de 1516 et le peu de succès qu'ont eu les efforts de ceux qui voulaient modifier l'état de choses existant et revenir au droit électoral primitif. Quelles sont les causes de cet échec ? Nous allons nous efforcer de les rechercher ici.

Les membres du clergé, dans toutes les Assemblées, s'élevaient avec vigueur en faveur de la réforme qu'ils réclamaient, au moins dans les premiers temps, d'une façon incessante. Mais ce mouvement était surtout l'œuvre du clergé inférieur; les évêques, nommés par la volonté royale à laquelle ils devaient tout, étaient au fond hostiles à tout changement et s'ils venaient à protester, c'était tout simplement pour suivre une impulsion qui ne venait pas d'eux ; ils agissaient en quelque sorte par acquit de conscience. Plusieurs fois pourtant des protestations s'élevèrent énergiques de la part de l'épiscopat, mais c'était dans des cas particuliers, quand des candidats notoirement indignes avaient été nommés par le roi. Plus tard, quand le Concile de Trente eut ramené la régularité dans les mœurs ecclésiastiques, quand un certain contrôle fut exercé, au moyen d'enquêtes, par la cour de Rome, nous voyons les évêques, soumis complètement à la royauté, ne plus remettre en discussion le rétablissement des élections et cette question, à partir du XVIIe siècle, ne fera plus dans les Assemblées du clergé de France, l'objet d'un vœu même purement platonique.

Les Etats Généraux avaient figuré parmi les défenseurs acharnés des anciennes libertés de l'Eglise Gallicane et le tiers état n'avait jamais manqué d'unir sa voix à celle du clergé et de réclamer les élections. Mais on sait le peu de résultats qu'amenaient ces Assemblées. Le roi recevait leurs cahiers, écoutait leurs remontrances et agissait suivant son bon plaisir. La royauté, devenue plus forte, ne les convoqua plus à partir de 1614 et quand ils se réunirent en 1789, fidèles aux anciens principes, ils ne manquèrent pas, nous l'avons vu plus haut, de faire entendre en notre matière de vives réclamations. Le tiers état, en 1789, alla même plus loin que dans les sessions précédentes. Non content de s'unir comme jadis au clergé pour appuyer ses revendications, il poussa les choses à l'extrême et fit la constitution civile que la majorité du clergé refusa d'accepter.

La royauté qui avait obtenu du Saint-Siège un privilège aussi précieux n'avait garde, de son côté, de l'abandonner ni même de le diminuer par quelques concessions. Le but qu'elle poursuivit, au contraire, avec la tenacité la plus grande, fut son développement et son extension aux quelques évêchés qui, tout d'abord, en avaient été exemptés, aux grandes abbayes, « chefs d'ordre »,que la Convention de 1516 avait soustraites au droit royal, aux bénéfices vacants « *in curia* » et aux bénéfices d'ordre divers des provinces qui furent successivement rattachées à la France. Maîtresse de tous les bénéfices, douée par là d'une force très grande vis-à-vis du clergé dont les chefs étaient ses créatures, elle se servit des richesses que le Concordat de 1516 avait mises entre ses mains pour récompenser par de riches prébendes ses plus fidèles serviteurs. La faire renoncer à ce droit, l'amener à rétablir les élections épiscopales eût été la priver de ressources considérables dont elle faisait le plus grand usage. Aussi se refusa-t-elle toujours à faire droit aux demandes qui lui furent faites sur ce point et se borna-t-elle à répondre, d'une manière tout évasive, qu'elle allait mettre tous ses soins dans le choix de ceux qu'elle nommerait aux évêchés.

Même aux temps les plus troublés de la monarchie, à l'époque des guerres de religion, alors que le pouvoir royal était très faible, jamais il ne céda en notre matière et la concession la plus importante qu'il voulut faire se trouve dans l'article 1er de l'Ordonnance d'Orléans de 1560. Encore cette ordonnance, du moins son article 1er, ne fut-elle jamais exécutée. Plus tard les rois firent des réponses attestant le droit inaliénable qu'ils tenaient des concordats conclus par leurs prédécesseurs et la cour romaine, puis le pouvoir monarchique, sorti victorieux des crises du XVIe siècle, devint plus fort et ne souffrit plus de réclamations.

Du reste, aux deux derniers siècles de la monarchie, la royauté, mieux conseillée, fit en général des choix plus heureux qu'au siècle précédent. On ne vit plus des évêchés faire l'objet de honteux trafics, ou donnés comme récompenses à des hommes de guerre qui n'avaient rien d'ecclésiastique. C'est encore ce qui explique la disparition presque complète des plaintes du clergé de cette époque. Il n'avait plus sous les yeux les abus criards qui s'étaient passés au temps des guerres de religion et qui avaient soulevé l'indignation générale.

Une autre cause de l'insuccès des revendications du clergé en notre matière fut l'attitude que prit en cette question la cour romaine. Dès la signature du Concordat, elle se considéra comme liée d'une manière définitive et ne voulut jamais rompre ses engagements. Le Concordat de 1516 lui avait donné quelques avantages qu'elle voulait conserver, avantages financiers surtout et elle se refusait à seconder les vues du clergé en notre question. La chose devait, ce nous semble, lui paraître assez indifférente, car le but du clergé était d'obtenir à son profit le rétablissement des élections et non de restituer au pape le droit de nomination qu'il avait possédé. Il devait paraître au Souverain Pontife plus facile de s'occuper avec le roi de France du choix des candidats épiscopaux que de discuter la même question avec les divers chapitres qui auraient souvent été profondément divisés et où, à chaque vacance du siège, des dissensions profondes se seraient produites.

Le concours de Rome, attendu qu'il s'agissait de modifier un contrat synallagmatique, était cependant nécessaire pour tout changement à apporter au Concordat. On le comprit bien quand, à l'issue des Etats Généraux d'Orléans de 1560, on envoya au pape, mais sans pouvoirs suffisants, le président Du Ferrier. L'attitude du pape, en cette circonstance, Contribua aussi à faire échouer la réforme contenue dans l'article 1er de l'ordonnance de 1560.

Les résistances plus directes des chapitres procédant à l'élection de l'évêque malgré le Concordat devaient également se briser contre le mauvais vouloir de la cour de Rome qui ne connaissait que le Concordat. Dans le conflit qui s'élevait alors entre l'élu du chapitre, et le candidat du roi, ce dernier, pourvu qu'il réunît les conditions exigées, devait certainement l'emporter et obtenir les bulles le mettant en possession de son bénéfice et lui donnant toute son autorité spirituelle.

La résistance était donc impossible et nous avons vu les chapitres se lasser bien vite de cette guerre où ils avaient toujours forcément le dessous.

Au lieu de se montrer favorable à une modification du Concordat sur ce point, le Pape au contraire fut prodigue d'extensions du privilège donné au Roi de France, et de 1516 à la Révolution française, il lui donna de nombreux indults, lui permettant de nommer aux bénéfices vacants *in curia*, aux évêchés qui avaient conservé leur ancien droit d'élection et enfin aux évêchés qui venaient d'être récemment annexés à la France.

Les luttes, les résistances furent complètement inutiles et le roi de France demeura en possession du droit considérable qui avait été donné à François Ier par le pape Léon X. Ce droit de la royauté française dans la nomination des évêques fut si bien conservé dans les esprits qu'en 1801, lors de la restauration du culte catholique en France et de la conclusion du Concordat entre le premier consul Bonaparte et le pape Pie VII, il ne souleva aucune difficulté. Il fut reconnu au chef du gouvernement d'alors comme aux rois de l'ancien régime et, sans aucune modification, il continue à l'heure actuelle de demeurer en vigueur.

BIBLIOGRAPHIE

Archives parlementaires de 1789 à 1860 (1re série, 1787-1799), Paris, 1867.

Benoist (Ch.) — L'Etat et l'Eglise, Paris, 1892, in-12.

Binsson (François). — Notes sommaires sur les indults accordés au Roi ou à d'autres... par le pape Alexandre VII et Clément IX, Paris, 1672, in-12.

Bochel. — *Decreta ecclesiæ Gallicanæ*, Paris, 1609, in-f°.

Brantôme. — Œuvres complètes éditées, par L. Lalanne (*Société de l'hist. de France*), Paris, 1857, in-4°.

Cahiers de 1789 dans la senéchaussée de Castres publiés par le Marquis de la Jonquière, Paris, 1867, in-8°.

Chassin. — Les élections et les cahiers de Paris, en 1789, Paris, 1888, in-8°.

Collection Dupuy (Bibl. Nation. départ. des manuscrits).

Collection de Lorraine (Bibl. Nation. départ. des manuscrits).

Collection des procès-verbaux des assemblées générales du Clergé de France, Paris, 1767-80, in-f°.

Concordat fait entre Louis XIV et les chanoines de Besançon, 1698, Besançon (pièce).

Coquille (Guy). — Œuvres, Bordeaux, 1703, in-f°.

Corpus juris civilis, Berlin, 1895.

Duboulay. — Histoire de l'Université de Paris, Paris, 1673, in-f°.

Dunod. — Histoire de l'Eglise, ville et diocèse de Besançon, Besançon, 1750, in-8°.

Dupuy. — Preuves des libertés de l'Eglise Gallicane (3e édition), Paris, 1651.

Esmein (Ad.). — Cours élémentaire d'histoire du droit, Paris, 2e édit., 1895 et 3e édit., 1898, in-8°.

Fleury. — Histoire ecclésiastique, Avignon, 1777.

Funck (Dr). — Histoire de l'Eglise (traduct. Hemmer), Paris, 1895, in-12.

Gallia christiana, Paris, 1715, in-f°.

Génebrard. — *De sacrarum electiorum jure et necessitate ad Ecclesiæ Gallicanæ redintegrationem*, Paris, 1593, in-12.

Hanotaux (G.). — Recueil des instructions données aux ambassadeurs et ministres de France depuis les traités de Westphalie jusqu'à la Révolution française (Rome), Paris, 1888, in-8°.

Héricourt (de). — Les lois ecclésiastiques de France, Paris, 1771, in-f°.

Histoire de Metz par des Religieux Bénédictins de la Congrégation de Saint-Vanne, Metz, 1773, in-4°.

Imbart de la Tour (P.). — Les élections épiscopales dans l'Eglise de France du IX° au XII° siècle, Paris, 1891, in-8°.

Isambert. — Recueil général des anciennes lois françaises de 420 à la Révolution de 1789, Paris, 1829.

Lebeuf. — Mémoires concernant l'histoire civile et ecclésiastique d'Auxerre, Paris et Auxerre, 1851, in-8°.

Le Glay (E.). — *Cameracum christianum*, Lille, 1849, in-8°.

L'Epinois (H. de). — La Ligue et les Papes, Paris, 1886, in-8°.

Lettres d'un magistrat à MM. les Curés de son ressort... avec un projet d'instruction et de doléances S. L., 1789 (pièce).

Longueval (et ses continuateurs). — Histoire de l'Église gallicane, Paris, 1749, in-4°.

Madelin (L.). — L'entrevue de Bologne et le Concordat de François Ier et de Léon X (Mémoire manuscrit).

Marca (P. de). — *De Concordia Sacerdotii et imperii*, Paris, 1669, in-f°.

Mélanges d'archéologie et d'histoire (École française de Rome), 1897, fasc. IV, V. Article de M. L. Madelin.

Mémoire touchant l'indult qu'il faut obtenir pour les bénéfices d'Artois et de Roussillon (Bibl. Nat. départ. des imprimés. Collect. Thoisy).

Ordonnances des Rois de la troisième race. Paris, 1723-1847, in-f°.

Ossat (Card d'). — Lettres, Paris, 1692, in-4°.

Pasquier (Et.). — Les recherches de la France, Paris, 1665, in-f°.

Perrens. — L'Eglise et l'Etat en France sous le règne de Henri IV et de Marie de Médicis, Paris, 1872, in-8°.

Picot (Georges). — Histoire des États Généraux, Paris, 1872, in-8°.

Pimodan (Marquis de). — La réunion de Toul à la France et les derniers évêques souverains, Paris, 1880, in-8.

Pradié. — La question religieuse en 1682, 1790, 1802, 1848, Paris. 1849, in-8.

Pradt (de). — Les quatre Concordats, Paris, 1818, in-8.

Prat (Marquis du). — Essai sur la vie du cardinal chancelier du Prat, Versailles, 1854, in-12.

Procès-verbaux des Etats Généraux de 1593 recueillis par M. A. Bernard (Collect. des Docum. inédits sur l'Histoire de France), Paris, 1842, in-4°.

Questions sur la réforme du Clergé proposées à la Chambre du Clergé de la sénéchaussée de Nîmes S. L. ni D., in-8°.

Recueil de pièces originales et authentiques concernant la tenue des Etats Généraux d'Orléans, de Blois, de Paris, Paris, 1789.

Recueil des actes, titres et mémoires concernant les affaires du clergé de France, Paris, 1771, in-4°.

Revue de l'histoire des Religions (article de M. Esmein), tome XXXI.

Revue des questions historiques, 1898 (art. de M. l'abbé Vacandard).

Richard. — Histoire des diocèses de Besançon et de St-Claude, Besançon, 1851, in-8°.

Seché (Léon). — Les origines du Concordat, Paris, 1894, in-8°.

Sieyés (abbé). — Projet d'un décret provisoire sur le clergé du 12 février 1790, Paris, 1790.

Taillandier (A. H.). — Nouvelles recherches historiques sur la vie et les ouvrages du chancelier de l'Hospital, Paris, 1861, in-8°.

Taix (Guillaume de). — Mémoires des affaires du clergé de France, concertées et délibérées es premiers Etats de Blois, 1576 et depuis es assemblées générales dudit clergé tenues par permission du Roi... es années 1579-80, 85 et 86, Paris, 1675.

Thomassin. — Anciennes et nouvelles disciplines de l'Eglise, Paris, 1775, in-f°.

Vu :

Le Président de la thèse,

Paris, le 23 octobre 1894.

A. ESMEIN.

Vu :

Par le Doyen,
E. GARSONNET.

Vu et permis d'imprimer :

Le Vice-Recteur de l'Académie de Paris,
GRÉARD.

TABLE DES MATIÈRES

Imp. G. Saint-Aubin et Thevenot. — J. Thevenot, successeur, St-Dizier (Haute-Marne)

Imp. G. Saint-Aubin et Thevenot. — J. Thevenot, successeur, St-Dizier (Hte-Marne)

www.ingramcontent.com/pod-product-compliance
Ingram Content Group UK Ltd.
Pitfield, Milton Keynes, MK11 3LW, UK
UKHW021117220726
13924UKWH00004B/1756

9 782019 235277